KB078960

# 신분기자
# 시바 료타로

**산케이신문사** 지음 | **이한수** 옮김

**AK**

**일러두기** _____

- 이 책은 방일영문화재단의 지원을 받아 번역·출판되었습니다.
- 이 책에는 한국의 입장과 다른 의견이 언급되어 있는 점 알려드립니다.
  AK 커뮤니케이션즈의 의향과도 일절 관련 없음을 밝혀 드립니다.
- 산돌과 Noto Sans 서체를 이용하여 제작되었습니다.

# 목차

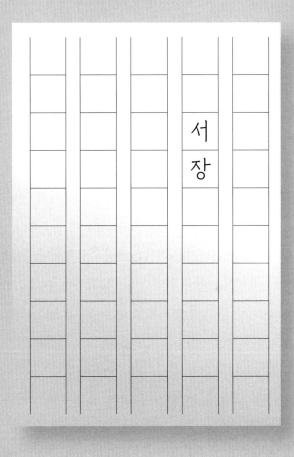

서
장

『료마가 간다』,『언덕 위의 구름』등 수많은 역사소설로 독자의 사랑을 폭넓게 받고,『이 나라의 모습』이나『산케이신문』에 연재한『풍진초風塵抄』등 투철한 역사관에 기초한 문명 비평으로 전후戰後 일본인과 일본 사회에 건설적 지침을 제시해온 작가로서, 문화훈장을 받은 시바 료타로 씨—본명 후쿠다 데이이치福田定——가 12일 오후 8시 50분 복부 대동맥류 파열로 입원했던 오사카시 주오구 국립오사카병원에서 향년 72세로 별세했다.

(1996년 2월 13일 자『산케이신문』)

시바 씨는 1996년 2월 10일 새벽 자택에서 "기분이 좋지 않다"고 호소하며 피를 토해 구급차로 국립오사카병원에 옮겨졌다. 9시간에 걸친 대수술을 견뎌냈지만 의식은 돌아오지 않았다. "마지막은 잠든 것처럼, 천천히 여행을 떠난 느낌이었습니다."(처남 우에무라 히로유키) 부인 미도리 씨가 줄곧 왼손을 잡고 의식이 없는 시바 씨에게 말을 걸었다고 한다.

장례를 치르는 13일 늦은 저녁, 조문객이 몰려오던 히가시오사카東大阪시 자택 앞에서『산케이신문』오사카 본사의 사회부 기자 요시무라 다케시吉村剛史(1965~ )는 자세를 바로 하고 손을 모았다. 고교 시절 유도부 출신으로 몸무게 120kg이 넘을 듯한, 사회부에서 가장 몸집이 큰 거한巨漢의 커다란 등이 가늘게 떨리고 있었다.

시바 씨가 별세한 12일『산케이신문』조간에는 유고遺稿가 된『풍진초』가 평소보다 일주일 늦게 실렸다.

'일본에 내일을 만들기 위하여'라는 제목이 붙은 그 원고는 버블 경제 붕괴의 상징이라고 할 수 있는 주센住專(주택금융전문회사를 줄인 말-역주) 문제를 주제로, 토지를 투기의 대상으로 삼아 미쳐 날뛰는 일본인에게 "토지를 함부로 건드리는 게 얼마나 나쁜 일인가를—사상서를 펴지 않은 채—국민 한 사람 한 사람이 느끼지 않으면 안 된다. 그렇지 않으면 일본에 내일은 없다"고 통렬한 메시지를 보내고 있었다.

요시무라는 그 주센 문제를 뒤쫓고 있었다. 주택금융전문회사에서 거액의 융자를 받고 갚을 수 없게 된 스에노코산末野興産, 후지주켄富士住建 등 대출업체 수사가 막바지로 치닫고 있었다. 관계자의 집을 돌며 야간 취재를 하는 도중, 택시 기사에게 부탁해 잠깐 시바 씨 집에 들른 것이다. 존경하는 '위대한 선배'를 직접 뵐 기회를 잃어버린다면 크게 후회할 일이었다.

요시무라는 시바 씨로부터 받은 엽서 한 통을 보물처럼 간직하고 있다. 거기에는 굵은 만년필로 부드럽게 쓴 글이 적혀 있다.

"부디 왕림해주세요. 다른 두 분도. 소생은 이제 여행에 나섭니다. 서둘러 편지를 읽으면서.

신문기자는 사인私人이지만, 그가 하는 일은 완전히 공公이며 사私가 아니라고 생각합니다. 다만 현실에서는 회사라든가 인간관계라든가 일종의 사가 있지요. 그래서 자신의 내부에서 또 한 사람의 신문기자—이상적인 기자—를 지녀야 할 (그것을 늘 길러나가야 할) 직업이라고 생각합니다. 이상적인 기자는 어느 것에도 구애받지 않는 자유로운 존재라고 생각합니다.

며칠 자리를 비웁니다. 초닷새 저녁 또는 밤에라도 전화를 주셔서 아내에게 사정을 물어봐주세요. 8월 24일."

짧은 문장이지만 후배에 대해 간결하고도 남김없이 '신문기자란 어떠해야 하는가'를 알려주고 있다.

'8월 24일'이라고 쓴 때는 1994년이다. 요시무라는 입사 5년 차로 아직 한신阪神지국에 근무할 때였다. 기자로서 자신감 같은 것이 싹트고 있었다. 그래서 동경하는 시바 씨를 만나고 싶다고 편지를 썼는데, 답신을 받을 수 있다고는 생각하지 않았다. 더구나 '부디 왕림해주세요' 등의 말을 들을 수 있으리라고는 생각해보지도 않았다.

하늘에라도 오를 기분이었지만, 시바 씨가 한 말의 무게에 겁이 났다. '만나 뵙는 것은 좀 더 공부한 후에….' 그렇게 생각한 것도 무리는 아니었다.

새해가 되어 1995년 1월 17일, 한신·아와지 대지진이 일어난다. 효고兵庫현 니시노미야西宮시에 있는 한신지국은 지진 피해지역 한가운데에 있었다. 6개월가량 거의 집에 들어갈 여유도 없이 취재에 쫓겼다.

이어 사회부로 옮겼고 주센 문제 취재반에 들어갔다. 시바 씨에게는 『토지와 일본인』이란 저서가 있다. 이를 교과서처럼 여기고 나름대로 주센 문제의 본질을 생각해보았다. '이 취재를 마치면 시바 씨와 이야기할 뭔가를 잡을 수 있겠지.' 그것이 일을 하는 데 격려가 되었다.

요시무라가 『산케이신문』을 지망한 것은 시바 씨가 일찍이 적을 둔 신문사였다는 사실이 큰 이유였지만, 사소한 착각도 있었다.

시바 씨는 한 달에 한 번 『산케이신문』에 『풍진초』를 쓰고 있었다. 요시무라는 회사 내에 시바 씨의 전용 데스크가 있어서 그곳에서 『풍진초』를 집필한다고 생각했다. 그래서 『산케이신문』에 들어가면 시바 씨를 만날 수 있을 거라고 생각했다.

좀 어리숙해 보여도 학생 때 베이징대에 유학했고, 기자가 된 이후에도 중국과 대만의 양안 관계에 계속 관심을 가졌다. 『가도街道를 간다』의 「대만 기행」을 읽고, 그런 문제의식이 잘못된 것은 아니라고 생각했다.

요시무라가 처음 시바 씨의 작품을 접한 때는 초등학교 5학년 때였으니 꽤 조숙했던 편이다. 손에 들었던 책은 『세상에 사는 나날』이었다. 이후 고교 졸업 때까지 주요 작품을 독파했다. 다른 과목 성적은 썩 좋지 못했지만 국어와 일본사만은 자신이 있었다. 물론 시바의 작품이 선생님이었다.

『산케이신문』에 입사한 후 신문사 사보에 신입 사원을 소개하는 글이 실렸고, 그 내용 중에 '장래에 어디까지 출세할 수 있다고 생각하나'라는 설문이 있었는데, 요시무라는 '후쿠다 데이이치'라고 썼다. 시바 씨의 본명이다.

시바 씨의 이름은 누구나 알고 있지만 본명은 그다지 알려져 있지 않다. "후쿠다 씨? 누구야?" 하고 질문을 받았을 때 '산케이 사원이 시바 씨의 본명을 모르나'라고 생각했지만 입 밖으로 내지는 않았다.

『산케이신문』의 인사 기록에 따르면 시바 씨는 1948년 6월에 입사해 교토지국을 시작으로 지방부, 문화부를 거쳐『올빼미의 성』으로 나오키상을 수상한 후 1961년 3월 1일 작가 활동에 전념하기 위해 출판국 차장(부국장)을 끝으로 퇴사했다.

『산케이신문』 입사 전 다른 신문에서 2년 정도 기자로 근무했으니, 합하여 기자 경력은 16년 정도로 그렇게 길지는 않다.

하지만 돌이켜보면 시바 씨는 평생 신문기자의 혼을 지닌 신문인이었다고 말할 수 있다.

시바 씨와 『산케이신문』에서 같은 시기를 보내고 동서東西(도쿄와 오사카) 두 본사의 편집국장을 지낸 아오키 아키라青木彰(도쿄정보대학 교수, 1926~2003) 씨는 『종합 저널리즘 연구』에 시바 씨를 추도하면서 이렇게 썼다.

"시바 씨의『료마가 간다』,『언덕 위의 구름』같은 역사소설이 '국민 문학'으로 사랑받고, 그 모든 작품을 통해 그가 작가, 역사가, 사상가, 문명비평가로 불리는 것에 이의는 없다. 하지만 내가 형으로 모신 30여 년간 거칠게 새긴 시바 료타로 상像에서 그는 최후까지 신문기자였다. 달리 말하면 신문기자의 자질을 잃어버리지 않았다는 인상이 강하다. 시바 씨에게 보이는, 신문기자에게 없어서는 안 될 자질이란 ①신문이 좋다 ②호기심이 왕성하다 ③권력이 싫다 ④발과 머리로 쓴다 ⑤사람에게 친절하다가 될 것인가.”

만년에 시바 씨는 아오키 씨 등과 오사카의 호텔 바에서 함께 이야기를 나눌 기회가 있었다. 자리를 함께했던 다나카 나오키田中直毅(1945~ ) 씨의 질문에 이런 대화가 오갔다.
“시바 씨는 다시 태어난다면 역시 신문기자를 하실 건가요.”
“그래요. 그렇게 될 거란 생각이 드네요.”
“어느 신문사에 들어가실 겁니까.”
“음, 역시 산케이겠죠. 아오키 군, 당신은 어때?”
“저도 산케이라고 생각합니다.”

초등학교 6학년생에게 보내는 편지 형식으로 쓴『21세기를 살아갈 너희들에게』에 이런 대목이 있다.

“나의 인생은 벌써 시간이 많지 않다. 예를 들면 21세기라는 것을 볼 수 없다는 건 틀림없다.
너희들은 다르다.
21세기를 듬뿍 볼 수 있을 뿐만 아니라 그 빛나는 주인공이기도

하다.

만일 '미래'라고 하는 길목에서 내가 너희들을 부를 수 있다면 얼마나 좋을까.

'다나카 군, 한번 물어보겠소만, 당신이 지금 걷고 있는 21세기는 어떤 세상이오?'"

거기에 '신문기자 시바 료타로'가 있다.

# 제 1 장

## 폐허의 마을에서

제대

'… 모집'

공습으로 그을린 전봇대에 눌어붙은 것처럼 전단 한 장이 붙어 있었다. 그 앞에 제대군인 외투를 껴입은 젊은 남자가 발을 멈췄다. 전쟁이 끝난 해가 저물고 있었다. 제대 후 2개월이 지나가는데 아직 일자리가 없었다.

'모집' 앞의 글자가 궁금했다. 전쟁 이전부터 작은 공장이 많이 있던 곳이니까 주물공鑄物工일까, 아니면 선반공旋盤工일까. 비바람에 씻겨나가 사라져버린 글자로 볼 때 꽤 이전부터 전봇대에 붙어 있었던 걸 알겠다. 이미 모집이란 걸 하지 않을지도 모른다.

눈을 크게 뜨고 전단을 응시하는데 등 뒤에서 갑자기 소리가 들렸다.

"기자야. 신문기자 모집."

그 소리가 들리지 않았다면 작가 시바 료타로의 인생은 좀 다르게 되었을 것이다.

스물두 살 때였다.

오사카외국어학교(오사카외국어대학) 몽골어과에 다니던 시바는 1943년 9월 가졸업(미리 졸업하는 것-역주)을 하고 학도병으로 나갔다. 국민에게는 알리지 않았지만, 전쟁 상황은 확실히 악화되고 있었다. 그에 따라 문과 계열 학생에게 주었던 징병 유예라는 특전이 취소되었다. 라디오로 뉴스를 듣고 자신도 모르게 "잘되었네"라고 했는데, 아버지가 "너, 군인이 좋으냐?"라면서 '이상한 놈이네' 하는 얼굴 표정을 지었다 한다.

　시바도 군인이 너무 싫었지만, 그보다 학교가 더 싫어서 참을 수 없었다.

　효고현 가코가와加古川시에 있는 전차 제19연대에 입영했다. 선임 병사가 "거기 스패너 가지고 와"라고 하면 스패너를 몰라서 허둥지둥할 정도로 기계에 대해서는 아무것도 몰랐다. 이듬해 4월 만주로 건너가 전차부대의 하급사관 양성학교인 스핑四平의 육군전차학교에 들어갔다. 8개월 후 헤이룽장黑龍江성 무단장牧丹江에 있던 전차 제1연대에 배속되었다. 소련군과 대치하는 전방이었다.

　이때부터 시바 료타로는 일본이라는 나라에 의문을, 더 나아가 절망적인 생각을 품게 된다.

　"부임했던 전차 제1연대는 대對소련 전차부대였지만, 소련 전차의 위력이 훨씬 커서 일본의 국력에 절망적인 생각을 갖고 처음으로 일본이라는 국가의 근대성을 '기술'의 측면에서 생각해보게 되었습니다. (중략) 보병이었다면 운과 용감성과 용병술에 따라 어떻게든 적에 저항할 수 있을지도 모른다, 그러나 전차부대는 '물리적 조건'만으로 싸우는 군대이기에, 우리는 이상한 나라에 태어났다는, 어찌할 수 없다는 느낌이었습니다." (『시바 료타로 전집』 제32권 「연보」)

　폭격기가 한 기에 20만 엔, 전투기가 7만 엔일 때 1대에 35만 엔이나 들인 전차였지만 포는 작아서 위력이 없고 강철판은 얇았다. 디젤 엔진은 우수해서 빠르게 기동할 수는 있었지만, 적의 전차를 일격에 잡을 수 없었고, 강철판은 적의 포탄에 쉽게 뚫렸다. 즉 전쟁의 도구로서 전혀 도움이 되지 못했다. 상관은 전차가 고가라는 점을 자주 상기시키면서 그러니 소중하게 다루라고 했지만, 전차병 사이에서는 '35만 엔짜리 관棺'이라는 험담이 들렸다.

1945년 5월, 시바의 부대는 간토평야 방위를 위해 내지內地로 돌아와 도치기栃木현 사노佐野에서 종전을 맞았다. 본토 결전을 이야기했지만, 패전은 누가 봐도 명백했다. 본토 결전은 옥쇄(명예나 충절을 지키려고 깨끗이 죽음-역주)하는 것뿐이었다.

일이 여기까지 이르렀는데 도대체 무엇을 지킨다는 것인가. 시바는 사노의 마을에서 천진난만하게 노는 아이들을 보고 '지켜야 할 것은 이 아이들인가' 생각했다.


"도쿄만이나 사가미相模만에 적이 상륙하면 출격하라는 임무를 부여받았다. 하지만 만일 적이 상륙했을 때 '우리가 서둘러 남하하는데, 그곳에 도쿄도민이 큰 짐수레에 가재도구를 싣고 북으로 피난하면서 교통 혼잡이 일어난다. 이런 경우엔 어떻게 해야 좋습니까?'라고 질문하면 대본영에서 온 소좌 참모는 '군의 작전이 앞선다. 국가를 위해서다. 치어 죽이고 가라'고 했다. 관념이 앞서면, 요즘 날뛰는 학생들만이 아니라 일본인은 여기까지 올라오는 것이다."『역사를 움직이는 것』

국민을 지켜야 할 군대가 국민을 죽여도 상관없으니 진격하라 한다. 이 얼마나 불합리한 '국가'이며 '전쟁'인 것인가….

얼마나 무거운 응어리로 남은 것인가. 나중에 되풀이해서 이 일을 말하고 있다.

그리고, 왜 소설을 쓰느냐는 물음에는,

"스물두 살(1945년 8월 15일─일본 패전의 날)의 나 자신에게 편지를 쓸 작정입니다"

라고 대답하고 있다.

일본은 왜 이런 '불합리한 전쟁'을 저지른 것인가. 그것을 밝혀내기 위해 역사를 헤치고 들어가 스물두 살의 자신에게 써 보낸 것은 아닌가.

여담이지만, 시바 료타로는 『가도를 간다』에서 일본 전국을 걸어다니면서도, 북北간토만은 끝내 발을 들이지 않았다. 종전終戰의 땅을 찾는 것은 스물두 살의 자신을 찾는 일이며, 작가로서 여행의 마지막 목적이라고 여겼던 것 같다.

다시 한 번 종전 때의 심경을 언급한다. '메이지明治'라는 시대에는 감동하면서, 대조적으로 전전戰前의 '쇼와昭和'에는 혹독한 시선을 보내는 시바의 사관에 대해서는 다른 의논이나 비판이 있겠지만, 하룻밤 사이에 가치관이 전부 뒤바뀐 충격으로 이해하고자 한다.


"패전은 충격이었습니다.

이 충격은 좀 설명을 해야 하지만, 정말 하찮은 전쟁을 해왔던 건

가라고 먼저 생각했습니다. 그리고 정말 하찮은 일을 이것저것 해온 나라에 태어났구나 하고 생각했습니다. 패전 후 며칠 지나 골똘히 생각하게 되었습니다. 옛날 일본인은 조금 더 나았던 게 아닐까 했던 것이 나중에 내가 일본사에 관심을 기울인 계기였습니다.”

（『쇼와'라는 국가』）

제대 후 눈으로 본 고향 오사카의 변한 모습도 충격이었다.

'동양의 맨체스터'라고도, '연기의 도시'라고도 했던 일본 제2의 도시는 종전까지 50회에 이르는 미군의 공습으로 문자 그대로 불에 탄 벌판이 되었다. 시바의 집도 공습으로 타버렸다.

『오사카 시사市史』에 따르면, 오사카가 공습을 받은 때는 1945년 1월 3일이 처음이었다. 3월 13일에는 B-29 폭격기와 그러먼Grumman 전투기 274기나 되는 대편대가 기이紀伊반도 방면과 아와지시마淡路島 방면에서 날아와 오사카 하늘을 덮었다. 심야부터 새벽에 걸쳐 약 4시간에 이르도록 소이탄의 비가 쏟아졌다.

6월 들어서는 거의 일주일 간격으로 대규모 공습이 이어졌다. 공습에 따른 사망자, 행방불명자는 1만 4,000여 명, 파괴되거나 불탄 가옥은 34만 채로 추계된다.

국철(현 JR 니시니혼) 오사카역 앞에서 보면 미도스지御堂筋(우메다[梅田]에서 난바[難波]에 이르는 오사카 중심 거리-역주)에는 타다 남은 건물이 띄엄띄엄 있을 뿐이었다. 남쪽 멀리 난바의 백화점인 다카시마야高島屋 건물이 보였다고 한다.

9월 18일, 이번에는 쇼와 시대 3대 태풍이라고도 불리는 마쿠라자키枕崎 태풍이 덮쳤다. 오사카만에 바닷물이 불어나 3만 가구 가까이가 마루 위까지 침수됐다. 오사카는 다시 박살이 났다. 그리고 9월 25일, 연합군 약 4만1,000명이 와카야마和歌山현 와카노우라和歌浦에 상륙하면서 점령 아래에 놓이는 전후戰後가 시작되었다.

## 만남

시바 료타로에 대한 평전 같은 저작은 거의 없다. 스스로도 태어나고 자란 내력은 거의 쓰지 않았다. 종전, 전후를 아는 사람도 대부분 타계했기에, 훗날 시바가 교토의『신니혼신문新日本新聞』을 거쳐『산교게이자이신문』(『산케이신문』)에 입사하기까지 행동을 함께한 오다케 데루히코大竹照彦를 취재할 수 있었을 뿐이다.

그 가운데 1955년 본명인 후쿠다 데이이치라는 이름으로 출판한 첫 저서『명언수필 샐러리맨』말미에 있는「어느 샐러리맨 기자—저자의 약력」은 귀중한 기록이다. 실은 이 책『신문기자 시바 료타로』를 정리해야겠다고 생각했던 것도『명언수필 샐러리맨』을 읽은 것이 계기였다.

잠시 오다케의 증언과『명언수필 샐러리맨』의 기술을 근거로 이야기를 전개한다. 산케이오리코미광고사(현 산케이아이) 사장을 마지막으로 퇴사한 오다케는 인터뷰를 신청하자 흔쾌히 옛 보금자리인 도쿄 오테마치大手町의『산케이신문』사옥까지 와서 3시간 가까이에 걸쳐 옛 기억을 말해주었다.

　제대한 시바 료타로는 어쨌든 살아갈 방도를 생각해야만 했다. 먼저 일자리를 찾아야 했다. 중학교가 불교계 학교여서 막연히 불교에 관심이 있었기에 고야산高野山대학(일본 불교 진언종의 대학-역주)에 들어가 공부할까 하는 생각도 했지만, 아버지가 반대했다.

　「어느 샐러리맨 기자—저자의 약력」에 앞에서 언급했던 전단을 보았을 때 장면이 이렇게 적혀 있다.

　"1945년 말, 나는 닳아서 떨어진 제대군인 외투 주머니에 손을 넣고, 오사카 쓰루하시鶴橋에서 이마자토今里 방향으로 가고 있었다. 얼마 되지 않는 제대군인 수당을 받는 중이어서 암시장을 찾아 구두를 사려고 걷고 있었다. 배가 엄청 고팠다고 기억한다. 포장마차를 기웃거리면서 군고구마 두 개를 사려다가, 한 개를 사서 둘로 나눠 삼켰다. 그리고 구두였다. 평화가 왔다는 것을 몸으로 느끼기 위해서라도 제대로 된 신사화를 갖고 싶었다. 밑창이 떨어진 전차용 장화로는 견딜 수가 없다. 그런 후 취직이라는 순서로 나아가야지 하는 주도면밀한 속셈을 갖고서, 나는 암시장으로 진군했다.

　이마자토의 암시장을 한 차례 돌며 찾아다녔기 때문에 이카이노猪飼野 암시장 쪽으로 옮겨가야지 하던 순간, 불에 탄 전봇대 하나가 눈에 들어왔다. 아니, 전봇대가 아니라 그 전봇대에 붙어 있던 전단이었다. 글자 흔적이 분명했지만 며칠인지 비바람에 씻겨나가 글자도 좋이도 상당히 벗겨져 떨어져나가 있었다.

그러나 두 글자는 확실한 형태로 남아 있었다. '모집'이라는 글자였다. 나는 그 앞 글자가 무엇일까, 주물공일지 선반공일지 정성껏 손과 눈으로 찾아보았다. 그때 내 어깨 너머로 얼굴을 내밀면서 갑자기 목소리를 낸 남자가 있었다.

'기자야, 신문기자.'

놀라서 돌아보니 겨울도 가까이 다가왔는데 해군 장교 하복을 입고 있다. 한눈에 나처럼 제대한 학생이라는 걸 알아봤다.

그는 싱글싱글 웃으며 말을 걸었다.

'자네는 육군인가?'

'그렇다'고 나는 대답을 하면서도, 그 낯선 사람이 상냥하게 웃는 표정을 짓는 것이 당혹스러웠다.

'이거 어떨까, 신문기자라니 재미있지 않을까? 어차피 자네도 룸펜이지? 가보자.'

남자는 종종걸음으로 앞에 서서 걸었다. 나는 당황해 하며 그의 뒤를 따랐다. 이것저것 물어보니 그는 바로 얼마 전까지 오키나와 공중전에 참가했다 한다. 어쩐지 이모저모 동작에 도끼로 쪼개는 듯한 거친 모습이 있다. 남자는 도중에 노점의 조선인에게서 엿을 사서 하나를 내게 주었다. 터무니없이 걸음이 빠른 남자여서 나는 몇 걸음 뒤에서 뜀박질로 쫓아가면서 '뭐라고 부르면 돼, 당신을?' 하고 물었다.

'아, 내 이름 말인가. O라고 해.'"

여기서 O라고 소개한 이가 오다케 데루히코다.

오다케는 "지금 생각해보면, 왜 시바 씨와 돌아다녔는지 모르겠다. 운명이라고밖에 말할 수 없다"라고 말했다.

역시 당시 두 사람이 만난 일은 시바의 그 이후를 결정한 것이기 때문에 정말 '운명의 만남'이라고 말할 수밖에 없다.

사소한 차이지만, 오다케는 시바를 만난 곳이 '이마자토의 암시장'이 아니라 오사카역 앞 '우메다 암시장'이라고 기억한다. 우메다 암시장에는 제대군인이나 귀국자를 위한 구원소救援所가 설치되어 자원봉사자 같은 사람들이 상담을 하고 있었다. 오다케는 이 구원소를 찾아가는 게 목적이었고, 당시 살고 있던 시가滋賀현에서 일부러 왔다고 한다. 그렇다면 오다케의 기억이 정확할 것이다.

오사카의 출입구인 까닭에 우메다 암시장은 규모도 크고, 매일 넘쳐나는 사람들이 뭔가를 찾아 모여서 꿈틀거리고 있었다. 물건이 없는 시대였는데도 어디에서 솟아났는지 냄비, 솥, 찻잔, 구두, 작업용 신발, 헌옷 등 온갖 생활 물자가 암시장에 나와 있었다. 찐빵, 고구마, 주먹밥, 곱창 등 먹을거리를 파는 집이 많았고, 막소주라고 불리는 밀조주도 팔았다. 물론 값이 터무니없이 비쌌다.

여담이지만, 겨울이 되면 우메다 암시장에 가까운 광장에서 톤도(모닥불) 축제가 열려 거대한 불기둥이 밤하늘을 태웠다. 여기서 따뜻한 불을 쬐려면 뭔가 불에 탈 만한 것을 가져와야 한다. 아무리 돈을 지불해도 빈손으로 오면 한패로 넣어주지 않는다. 나무판자, 툇마루에서 나온 판자때기, 끈이 떨어진 나막신 등을 품고 대열에 합류했다. 그중에는 공습으로 타버린 나무 전봇대를 잘라서 가지고 온 사람도 있다. 모닥불은 '온기 파는 아저씨'로 불리는, 수건을 머리에 두른 사내들이 관리했다.

전쟁 전의 옛 질서가 패전에 따라 흔적도 없이 사라지고 붕괴된 혼돈 안에서 새로운 질서의 씨앗이 싹트고 있었다.

오다케가 시바에게 말을 걸었던 건 서로 입은 옷을 보고 함께 학도병으로 동원되어 전쟁터에 나갔던 동료라고 여긴 친근감이 있었기 때문이다. 오다케는 간세이가쿠인關西學院대학에서 해군의 요코스카橫須賀해병단으로 들어가 1기 비행전수예비생도로서 미에三重항공대, 쓰이키築城항공대를 거쳐 오이타大分의 특공기지인 사이키佐伯항공대에서 종전을 맞았다.

두 사람은 각자의 군대 경험을 말하다가 이윽고 장래의 일, 아니당장 어떻게 할 것인지를 이야기하기에 이르렀다.

"나는 글 쓰는 사람이 되고 싶어. 소설가랄까."

시바는 확실히 이렇게 말했다 한다.

오다케는 이때까지 장래를 생각하지 못했지만, 자신도 뭔가 말하지 않으면 난처하다고 생각해 "정치가"라고 말했다.

"그럼, 둘 다 신문기자다."

시바는 전봇대의 '… 모집' 전단을 올려다보면서 싱긋 웃었다.

"그러면…. 아사히, 마이니치 같은 곳을 노리기는 어렵고. 여기서하지."

할 수 있을지, 할 수 없을지는 해보지 않으면 모른다. 육군과 해

군의 전 학도병은 기자를 모집한다는 신문사를 향해 진군을 시작
했다.


## 신흥 신문

둘이 찾아간 신문사의 이름은 시바 료타로도 기록하고 있지 않
다. 오다케 데루히코에 따르면 『신세카이新世界신문』이라는 신흥
신문사였다. 지금은 이런 이름의 신문은 존재하지 않고, 관계자를
찾았지만 안타깝게도 찾지 못했다.

여기서 당시의 신문 사정을 적어둔다.

연합국군총사령부GHQ는 일본이 전쟁으로 달려간 요인 중 하나
에 언론기관의 책임이 있다고 해서 전후 신문을 엄격히 규제했다.
보도 내용의 사전 검열은 물론, 신문용지를 할당하는 관리 권한을
이용하여 기존의 큰 신문사를 억누르고, 지방 신문이나 신흥의 작
은 신문을 적극 키우는 정책을 폈다. 사실대로 말하자면 신문용지
의 배급을 의도적으로 조절하여 큰 신문사를 압박하고, 신흥 신문
을 우대했던 것이다. 『신세카이신문』은 그런 중에 생긴 신문사 중
하나였다.

종이가 없으면 신문은 낼 수 없다. 전국지인 아사히, 마이니치 등
도 절반 크기 2페이지, 그것도 조간밖에는 발행하지 못했다. 그래
서 각 신문사는 속속 제대해서 돌아오는 사원과 윤전기를 효과적
으로 활용하기 위해 자본을 별도로 하는 신문사를 세워 사원을 파

견하고 석간을 냈다. 『아사히신문』이 『오사카니치니치신문』, 『마이니치신문』이 『신오사카』를 내는 방식이었다. 각각 민주주의의 기수라고 하는 고매한 이상을 내걸었고, 독자도 새로운 신문에 전후의 새로운 바람을 느끼며 환영했다.

1951년 5월 GHQ의 용지 통제가 철폐되어 전국지가 다시 조·석간 세트 발행을 할 수 있을 때까지 신흥 석간신문의 융성이 이어져 신문업계는 이른바 전국시대였다.

시바 료타로가 "전후에 떼로 생겨 거품처럼 모호한 자본의 신문"(『명언수필 샐러리맨』)이라고 표현한 『신세카이신문』은 오사카시 이쿠노生野구 이카이노猪飼野라고 부르는 지역의 작은 공장지대에 자리하고 있었다. 목조 2층 건물의 민가로 보일 만한 작은 건물에 회사 이름을 들어본 적도 없는 신문사였지만 틀림없이 '일간日刊'이라고 새긴 글자를 뽐내고 있었다. 과연 신문사구나라고 생각한 것은 제대로 윤전기가 있었기 때문이다.

"어제오늘 생긴 신문사 같지만, 이런 게 생기지 않으면 우리를 뽑아주지 않겠지."

오다케는 뒤따라온 시바를 돌아보고 쓴웃음을 지으면서 빠르게 윤전기 사이를 빠져나가, 목제 계단을 발견하고 척척 올라갔다.

"편집국은 어디예요?"

"여기인데요. 당신들은? 아, 외부인. 곤란합니다. 안내를 통해야 합니다."

여자 아이가 나와 노골적으로 수상쩍다는 듯이 둘의 옷차림을 훑어보았다. 시바는 적어도 구두는 사서 신고 올걸 하고 후회했다.

"편집국장님을 만나고 싶습니다만."

"용건이 뭔데요?"

"취직입니다."

오다케는 단호히 말했다. 그 말투에 기가 눌렸던지 여자 아이는 일단 안쪽으로 들어갔다가 이윽고 나왔다.

"안 됩니다. 기자 모집은 한 달도 더 전에 마감해서 보름 전에 채용이 결정됐대요."

하지만 둘은 여기밖에 없다고 결심했기 때문에 곧바로 물러설 수가 없었다.

"곤란합니다, 이러면. 우리는 전봇대에 붙은 모집 광고를 제대로 보고 왔어요. 그게 편집국장의 대답은 아니죠? 아직 말씀을 전하지 않았죠? 자, 어서 부탁해요."

오다케는 여자 아이를 달래듯이 밀어 넣었다. 기다리고 있으니 한참 만에 나타나서 이번엔 "가시죠" 하며 국장실로 안내했다.

"사정은 들었소. 거의 취직 강요구만."

빙그르르 도는 회전의자를 돌려 이쪽을 바라본 국장은 웃음이 나올 정도로 키가 작은 노인이었다. 시바가 신문사의 국장이라는 사람을 본 것은 이때가 처음이었다. 그러나 이런 자리가 처음이라고 하면 절대 안 되었다. 왜냐하면 그 국장은 초장부터 톡 쏘는 듯이 이렇게 선고했던 것이다.

"여기는 경력자가 아니면 안 되네. 큰 신문사처럼 양성할 여유가 없으니까."

그런데 오다케는 동요하는 기색도 없이 태연하게 공언했다.

"지당하십니다. 우리는 모두 전전에 2년간 경력이 있습니다."

물론 둘 다 학도병 출신이었기 때문에 기자 경력 같은 것이 있을 리 없었다. 아무렇게나 지껄인 말이었다. 오다케의 배짱에 시바는 어이가 없었다. 그런데 더 이상 조사도 하지 않고 오다케의 말을 쉽게 응낙하며 수긍하는 국장의 도량도 상당한 것이었다. 전후라는 난세에 알맞은 것이었을까.

"자, 테스트를 하지. 이 주제로 100행 정도 기사를 써봐."

국장은 원고 용지 다발을 툭 내던졌다. 그리고 중얼중얼거리며 얼버무리더니 "뭐 좋아. 내일부터 출근하게"라고 말했다.


기자 수업

시바 료타로가 신문기자를 시작했을 무렵, 일본은 격동의 한가운데에 있었다. 1945년 11월 일본사회당, 일본자유당, 일본진보당이 잇따라 결성되었고 12월에는 여성에게 참정권을 주는 새 공직선거법이 공포되었다. 새해가 되자 천황이 인간선언을 했다. 옛 엔화 예금·저금이 봉쇄되고 새 엔화가 발행되었다. 4월에는 새로운 선거법에 따른 최초의 총선거가 치러졌다. 그리고 5월 제1차 요시다 시게루吉田茂(1878~1967) 내각이 발족했다. 극동국제군사재판, 즉 도쿄재판이 시작되었다.

오사카에서는 재벌 해체 지령에 근거하여 스미토모住友 본사가 해산을 발표했다. 그 스미토모 본사 빌딩에 GHQ가 사령부를 두었다. 전후 처음으로 오사카부府 의회가 열려 지사가 바뀌었다. 위생 상태가 좋지 않아 티푸스가 크게 유행했다. 일가 여섯 명이 죽는 충격적인 사건도 일어났다.

경력자라고 속여 채용된 『신세카이신문』에는 기자가 30명가량 있었다. 시바는 먼저 사회부에 배치되었다. 커다란 시대의 물결 속에서 사건을 추적하며 오사카의 여러 동네를 뛰어다녔을 것이다.

하지만 어떤 취재를 하고 어떻게 기사를 썼는지 당시의 신문이 남아 있지 않고, 시바 자신도 말하지 않았기 때문에 알 수는 없다. 아마도 그다지 큰일은 할 수 없었을 것으로 생각된다. 왜냐하면 불과 5개월 후에 퇴사했기 때문이다.

시바 료타로의 공식 약력이라고 불리는 「자전적 단장 집성自傳的斷章集成」에도 『신세카이신문』에 다닐 때의 일은 한 줄도 나와 있지 않다. 다만 여기에서 '신문기자란 무엇인가'를 가르쳐준 인물을 만났다.

그 인물은 마쓰요시 준노스케松吉淳之助라는, 이미 예순을 넘었다고 생각되는 노인이었다. 그는 『고쿠민신문』, 『아사히신문』, 『호치신문』, 『지지신보』 등을 돌아다니다 『신세카이신문』에서는 기사에 제목을 달고 지면을 조판하는 정리기자 (편집기자-역주)를 했다.

어느 날 마쓰요시가 시바를 불러 세웠다.

"내가 자네의 데스크는 아니지만, 이 기사는 역시 전문前文을 쓰는 것이 좋지 않을까? 게다가 마지막 다섯 줄이 별로야. 이상한 주관이 들어가 있어. 빼는 게 좋겠어."

시바가 원고를 다시 읽어보니 과연 그의 충고가 맞았다. 곧바로 옆에 있는 연필을 들어 고치려고 하자 "고쳐 쓰라는 건 아니다"라며 마쓰요시가 멈추게 했다.

"이 원고는 나름대로 자네 데스크가 출고한 것이니까 이대로 그냥 두는 게 좋겠어. 자네도 나도 질서라는 놈을 지키지 않으면 안 되지. 특히 나는. 그러지 않으면 이 노인에게 언제 일을 그만두라고 할지 모르니까."

마쓰요시는 편집국 한쪽 구석에서 생활하고 있었다. 밤에 일이 끝나고 사람 그림자가 사라진 편집국에서 시바는 마쓰요시와 소주를 마시며 이야기를 나누었다. 아니, 가르침을 청했다고 하는 게 좋겠다. 특종이라는 건 어떤 것인가, 어떻게 써야 잘 쓴 기사가 되는가….

시바는 "마치 그 광경은 산중에 은둔한 노검객에게 검술을 배우는 것 같은 모습이었다"고 회상하고 있다.

"다만 그중에서도 아무래도 이해할 수 없는 말이 하나 있었다.

그것은 '대성大成'이라는 말이었다. 그는 자주 이 표현을 썼다.

'신문기자로서 대성하려면 말이야' 하는 식이었다. 어떤 것을 말하는 것인가. 자신의 기술을 갈고닦아 신문기자로서 대성한다는 것은 대체 무엇에 성공한다는 말인가. 사회부장이 되는 것인가, 편집국장이 되는 것인가. 그것이라 하면, 매일 이기고 지는 승부의 장에서 이 정도까지 심혈을 기울여 기술을 연마해 그 도달점의 '대성'이라는 게 고작 사회부장이나 편집국장이라면 그 목표가 너무나 비루하고 참혹한 것이 아닌가. 그런 의미로 출세할 작정이라면, 당시 신문기자라는 일에 과도하게 피가 끓던 나로서는 다른 업종의 회사로 가는 게 낫다고 생각했다.

결국 나는 물어보았다.

'그 대성이라는 것은 구체적으로 말하면 무엇에 성공하는 것이죠?'

그는 '응?' 하고 눈꺼풀을 올리며 한동안 나를 응시하더니 이윽고 '현재의 나처럼 되는 것이다'라고 잘라 말했다. '아!' 하고 소리치고 싶은 기분이었다. 인생을 살아가는 그의 엄격한 삶의 태도를 깨달은 것이었다." (『명언수필 샐러리맨』)


언제나 때 묻은 피난민용 군복을 껴입고 입으로 담배를 가져갈 때 굳은살 박인 거친 손이 떨린다. 어떻게 봐도 인생의 낙오자, 패잔병으로밖에 보이지 않는 마쓰요시가 "신문기자로서 대성이라는 건 나처럼 되는 것이다"라고 자신만만하게 말한다.

게다가 마쓰요시는 "신문기자라는 직업은 순수하게 말한다면 연필과 현장을 떠난 형태로서는 상상할 수 없는 직업이야. 이기고 지는 이 승부의 세계만이 신문기자의 세계라고 나는 생각해. 대성이라는 건 이런 세계에서 대성하는 것이지. 이 세계에서 벗어나 중역重役이 되는 것은 샐러리맨이나 바라는 영달이야. 옛날 검객이 기술을 갈고닦는 일에만 전념할 뿐, 다이묘가 되겠다든가 뭔가를 하겠다든가 생각하지 않았던 것과 같은 것이지"라고 덧붙였다.

그 말에서 사고방식이 새롭거나 오래된 것이거나를 넘어 강렬한 빛을 느꼈다.


시바 료타로는 나중에 이가伊賀(미에현 북서부 지역의 옛 이름-역주)의 닌자忍者를 그린 나오키상 수상작 『올빼미의 성』에 대해 『역사와 소설』에서 이렇게 썼다.


"취재를 위해 이가의 이 산 저 산을 걸으면서 문득 전국시대 무사 사회에서 이른바 '간인間忍(첩자)의 무리' 외에 직업 집단은 없었던 게 아니었을까 생각했다.

'그들은 자신의 직업을 어떻게 생각하고, 어떤 집념을 가지고 있었을까' 하고 생각했을 때 나는 눈이 번쩍 뜨이는 기분에 정신을 차렸다. 그들은 신문기자인 나 자신이 아니었을까.

내 안에 있는 신문기자의 이상형은 옛날 대부분의 기자들이 그랬던 것처럼, 직업적인 출세를 바라지 않고, 자신의 일에 비상한 열정을 쏟으며, 게다가 공명功名은 결코 보답을 받는 바가 없다. 지면에 나간 기사는 모두 이름이 없고(일본 신문은 지금도 칼럼이나 르포 기사 외의 일반 기사에는 기자 이름을 달지 않는다. 과거 한국 신문도 그랬다.-역주), 특종을 했다 하더라도 물질적으로 어떤 보상도 없는 무상無償의 공명주의功名主義야말로 신문기자라는 직업인의 이상인 동시에 현실이다. 여기에서 발상해 이가에 전하는 문서 등을 읽으니 그들의 직업 심리를 잘 이해할 수 있을 것 같은 기분이 들었다.”

시바가 신문기자의 이상으로 여긴 '무상의 공명주의'와 마쓰요시가 말한 '신문기자의 대성'은 서로 통하는 점이 있다는 걸 느낄 것이다.

지금 시대는 신문기자에게 좋은 의미로 샐러리맨 기자가 될 것을 요청하고 있다. 아니, 이미 기자는 샐러리맨이 되어 있다.

그래도 시바는 야인 무사 같은 기자이고자 했다. 마쓰요시에게 가르침을 받고, 이가의 닌자를 본받은 '무상의 공명주의'라는 신문기자의 혼을 평생 지녔다.


## 새 직장을 찾다

『신세카이신문』에서 시바 료타로와 오다케 데루히코는 취재 방법, 기사 쓰는 법, 편집·교열 등 신문 제작에 관한 기술을 일단 연마했다.

그런데 사소한 일로 오다케가 사회부장과 충돌해 사표를 던졌다. 고향 집이 있는 시가현에서 쌀을 가지고 와서 오사카에서 파는, 이른바 '암거래'를 하다가 들켰던 것이다.

"신문기자라는 놈이 돈을 벌겠다고 무슨 짓이냐. 그렇게 돈을 벌고 싶으면 장사꾼이 되면 되지."

"뭐 어떻습니까. 나는 내 생활 방식이 있어요. 일이 끝난 이후는 내 생활입니다. 이러니저러니 말을 들을 이유가 없어요. 이런 좀생이 소견을 가진 회사는 즉각 그만두겠습니다."

옛날이야기라고 할지 모르지만, 부장이 말한 "신문기자라는 놈이…"라는 자세는 야인 무사 같은 기자를 지향하고 있던 시바에게는 잘 이해되었다. 그러나 암거래가 아니면 아무것도 손에 넣을 수 없는 시대였다는 것을 생각하면 오다케의 변명도 이해할 수 있다.

어느 쪽의 손을 들어줘야 할 이유는 없었지만, 그저 오다케와 함께 이 회사에 들어온 사정도 있고 의리로 거취를 함께하지 않으면 안 될 것 같은 기분이 들었다.

시바의 표현을 빌리면, 둘 다 아직 신문의 세계를 엿본 것뿐으로 기차(일본어로 기자와 기차는 발음이 같음-역주)로서는 한 사람 몫을 하지 못하는 소형 무개화차였다. 그 무개화차 두 대가 연결된 채로 그만두었다.

"어떻게 할까?"

사표를 내고 나서 냉정하게 생각하니 좀 서두른 것 같은 기분이어서 후회스러운 생각이 일었다. 그다음 할 일이 쉽게 찾아질 리 없다. 길거리를 헤매게 되었다.

"뭐, 내게 맡겨줘. 생각이 있으니까."

오다케는 힘껏 가슴을 쳤다.

나오는 대로 그렇게 말을 했으나, 실은 오다케도 다음 취직 자리를 얻을 방도는 없었다. 그러나 이때 시바는 오다케의 말은 귀담아 듣지 않고 일찍이 마쓰요시가 입버릇처럼 했던 말을 기억해냈다.

"회사가 지켜주는 신분이나 생활권에 안주하지 말게. 언제나 승부 정신을 잊지 말고, 회사는 자신의 재능을 표현하기 위해 빌리는 장場이라고 여기게."

그렇게 생각하니 갑자기 눈앞이 밝아지는 느낌이었다. 용기도 솟았다.

마치 무술 수련자 같은 기분으로 새로운 자리를 찾아 나섰다.

# 제 2 장

## 옛 도시의 구석에서

## 혈통 좋은 마을로

아네, 산, 롯카쿠, 다코, 니시키….

옛날 교토의 아이들은 바둑판 눈 같다고 하는 교토의 길 이름을 외울 때 전래동요풍으로 가락을 붙여 노래를 불렀다.

산조도리三条通り 북쪽 한 블록 위에 있는 아네노고지妹小路부터 남쪽으로 산조도리, 롯카쿠도리六角通り, 다코야쿠시도리蛸藥師通り, 니시키고지錦小路를 뜻한다. 지금도 이런 길과 이름은 하나도 빠지지 않고 남아 있다.

하여 시내에 있는 장소를 가리킬 때 마을 이름이 아니라 길과 길을 함께 붙여서 말한다.

예를 들어 사카모토 료마가 삿초연합을 이루기 위해 하숙하고 최후에 암살당했던 오미야近江屋라는 가게는 '가와라마치 다코야쿠시河原町 蛸藥師 아래 서쪽'에 있다. 즉 남북으로 난 길인 가와라마치길과 동서로 난 다코야쿠시길의 교차점에서 남쪽인 아래 서쪽 편에 있다.

이래도 알지 못한다면 "당신은 교토분이 아니시군요"라는 말을 듣는다. 말 그대로 좋은 혈통이라든가, 이 마을에서 산 햇수를 자랑으로 삼는 교토 사람의 기질을 잘 나타내는 표시법이다.

훗날의 시바 료타로인 후쿠다 데이이치와 절친한 친구 오다케 데루히코가 역사라든가 긍지라든가 인습이라든가 등이 겹겹이 쌓이고 얽혀 있는 이 마을에 진입했던 때는 1946년 6월이었다. 진입했다는 말은 정확하지 않다. 흘러들었다고 하는 게 맞다.

오사카의『신세카이신문』을 뛰쳐나온 두 사람은 본격적인 신문사에서 기자가 되어야겠다고 생각했다. 시바는『명언수필 샐러리맨』에서 "O(오다케)는 어디에서 실마리를 찾았을까…"라고 썼는데 오다케에 따르면 대강 이렇다.

가장 먼저 눈여겨본 곳은『오사카신문』과『산케이신문』이라는 자매지였다. 당시는 같은 신문사가 석간으로『오사카신문』을, 조간으로『산케이신문』을 발행하고 기자는 두 신문을 겸하는 관계였다. 특히『오사카신문』은 도미타 쓰네오富田常雄(1904~1967)의『백호白虎』라는 연재소설이 인기를 끌어 떠오르는 형세였다고 한다.

두 사람은 각각 출신학교 선배를 찾아 그 연줄로 들어가려고 했다. 그러나 후쿠다가 나온 오사카외국어대는 선배가 눈에 띄지 않았다. 간신히 간세이가쿠인대학 출신인 쓰치하시 시로土橋四郎가 외보부장(국제부장-역주)으로 있다는 사실을 알고 전혀 알지도 못하는 선배를 찾아갔다.

"좋아."

쓰치하시는 말했다.

"그런데 4월에 채용시험은 끝났어. 하지만 전 와카야마지국장을 하던 사카이 쇼노스케酒井正之助라는 분이 교토의『신니혼신문』에서 편집국장을 하고 있어. 거기서 1년 수업을 하고 내년에 시험을 보는 게 좋겠네."

쓰치하시는 후배를 잘 보살피기로 알려진 간사이 지역 신문인의 전형적 인물이었다. 나중에『산케이신문』오사카 본사 편집국장을 거쳐 산케이 OB 출신들이 만든 구우회舊友會 회장으로 오랜 기간 활동했다. 1996년 4월 시바의 뒤를 쫓듯이 별세했다.

두 사람은 쓰치하시의 말을 따랐다. 사카이가 담배를 좋아한다고 해서 암시장에서 사고, 쓰치하시가 써준 소개장을 손에 들고 교토의 기타시라카와北白川에 있는 사카이의 집을 찾아갔다. 사카이도 너그러운 사람으로 "그럼, 내일 회사에 와보게" 하고 말했다.

그『신니혼신문』은 사옥이 교토식으로 말하면 '시조신마치四条新町 위 동쪽'에 있었다. 본토초先斗町라든가 기온祇園 같은 교토의 번화가로부터 상당히 서쪽이다. 아시카가 요시미쓰足利義滿(1358~1408)가 '하나노고쇼花の御所(꽃의 대궐)'라고 불리는 저택을 짓고, 무로마치室町 막부 등으로 이름이 남은 무로마치도리의 두 번째 서쪽 길이 신마치도리이다.

현재 교통수단으로는 한큐阪急전차 가라스마烏丸역과 시영 지하철 시조四條역에서 가깝다. 후에 시바와 오다케가 근무하는『산케이신문』교토지국에서 300m 정도 떨어져 있었다.

고무스비다나초小結棚町. 이런 우아한 마을 이름을 가진 그 부근은 지금도 와후쿠和服(전통 일본 옷-역주) 등을 파는 상점이 많다. 7월 기온마쓰리祇園祭에는 '호카보코放下鉾'라는 호코(축제를 위해 만든 대형 수레-역주)가 나온다. 이를 위한 마치가이쇼町會所(마을회관-역주)라는 옛 건물도 남아 있다. 전쟁 때도 피해를 보지 않았기 때문에 당시는 더욱 교토다운 분위기가 있었음에 틀림없다.

다만 지금 이 부근을 찾아봐도『신니혼신문』이라는 신문사가 있었던 것도, 하물며 그곳에서 나중의 대작가가 기자를 하고 있었던 사실을 아는 사람도 없다. 전후 바로 포목점에 시집왔다는 아주머니도 "신문사요…. 음, 시바 료타로 씨가…" 하며 고개를 갸웃할 뿐이었다.

누구의 기억에도 없는 게 당연할 정도로, 도매상 거리에 묻혀버린 듯한 작은 2층 건물의 살림집이었다.


## 비 온 뒤의 죽순

"글쎄, 여기가 신문사일까?" 하고 두 사람이 한숨을 내쉬었는지 어쨌는지는 모르겠지만 소개를 받은 '편집국원'은 13명, 후쿠다와 오다케가 즉시 신입사원으로 들어가도 15명밖에는 없었다. 이런 작디작은 편집국에서 기사를 써서 편집하고, 인쇄는 좀 떨어져 있는 『교토신문』의 인쇄시설을 이용했다.

당시 큰 신문사가 용지 확보라는 사정이 있어 석간지를 잇따라 만들었던 일에 대해서는 앞에서 언급했다. 그중에서도 교토는 특별했다. 전쟁 때 불타지 않아 신문을 만들 건물도 있었고, 신문을 읽는 사람도 비교적 건재했다. 문자 그대로 비 온 뒤의 죽순처럼 많은 신흥 신문이 이 오래된 도시에 등장했다.

여담이지만, 간사이 지역 최초의 여성 저널리스트라고 할 수 있는 스에쓰구 세쓰코末次攝子는 1946년 '원고를 쓸 열정을 가진 여성, 모여라'라는 광고에 이끌려 그해 4월 발간된 석간『교토니치니치신문』의 기자가 되었다. '가라스마 롯카쿠六角 아래 동쪽'에 있는 작은 사옥의 2층 편집국에는 다다미가 깔려 있어 겨울엔 화로로 난방을 하며 원고를 썼다.

『신니혼신문』도 이런 신흥 신문의 하나였다. 오다케의 기억에 따르면, 『마이니치신문』 출신 OB가 교토, 오사카, 고베 세 도시에서 『신니혼신문』이라는 같은 제호로 발행을 시작했지만 각각 독자적으로 편집했다. 발행부수는 교토만 5만 부였다.

지금 교토시 사쿄左京구에 있는 부립 종합자료관에 이 『신니혼신문』이란 제호의 신문이 딱 1부 남아 있다. 그러나 1950년 6월 4일자 오사카에서 발행된 신문이다. 나중에 서술하겠지만, 교토의 『신니혼신문』은 2년 이상 전에 폐간되었다. 그러므로 시바가 관계한 신문은 물론 아니지만, 그 편집 방침이나 내용을 대략 이 오사카 발행 신문에서 추측할 수 있다.

신문은 2페이지이다. 1면 톱은 '추락하는 자금 부족의 스텝' 등의 제목으로 오사카의 댄스홀이 일제히 경영 위기에 직면하고 있다는 다소 부드러운 내용이지만, 사이드 톱은 이날 투표가 실시된 제2회 참의원 선거 관련 기사가 실렸다.

게다가 사설에서는 '천황 재판 요구는 불합리', '소련은 우리 국민 감정을 무시'라는 제목으로 당시 소련의 주장에 당당히 반론을 펴고 있다. 그리고 2면은 사건이나 화제, 스포츠, 신문소설 등이 가득 차 있다.

시바는 『명언수필 샐러리맨』에서 『신니혼신문』에 대해 "오늘날 지방지와 비교해볼 때 그다지 떨어지는 것은 아니었다"고 썼는데, 확실히 발행부수, 내용이 모두 '떨어지는 것'은 아니었던 듯하다. 다만 그 5만 부 모두가 독자들에게 팔렸는지 여부는 몰랐던 듯하다.

"독자 입장에서 신문이란 활자보다도 종이로서 가치가 더 중대한 일이었다. 애독자라기보다는 애용자로서 포장지나 화장지로서의 효용을 더 중요하게 여기는 경향이 강했다. 그러므로 어떤 지면을 만들어도 팔렸다. 그런 이유로 15명의 사무라이들은 파는 일은 도외시(라고까지는 아니지만)하고, 생각하는 대로 이상적인 지면을 꾸미자고 대단히 허세를 부렸다." (『명언수필 샐러리맨』)

그런 사정이었기 때문에 신출내기 후쿠다 데이이치 기자 등이 근무하기에도 결코 거북한 곳은 아니었다.

시바는 처음 몇 개월만 경찰서를 돌았고, 나중엔 내근하면서 직접 신문 제작에 관여했다.

오다케가 "마치 양산박 같았다"고 할 정도로 개성파들이 모였지만, 시바도 오다케도 곧 그 개성파 집단 속에 녹아들었다. 그보다도 리더십을 발휘했다고 하는 게 옳다.

"생각하는 대로 이상적인 지면을 꾸미자"고 허세를 부린 시바가 제안했던 것은 이 15명이 릴레이 소설을 쓰자는 것이었다. 오다케도 지금 그 줄거리조차 기억하지 못하지만, 시바에겐 어쩌면 처녀작이었을지도 모른다.


## 아오키 고지로青木幸次郎

양산박 개성파 집단 속에는 훗날 교토부府 직원에서 공산당 참의원 의원까지 된 가미타니 신노스케神谷信之野(1924~1999), 예능기자로 명성을 날린 오카모토 다로岡本太郎 등이 있었다. 그러나 시바가 가장 관심을 기울인 이는 아오키 고지로青木幸次郎라는 키가 큰 인물이었다.

아오키는 쓰시마對馬島 출신이었다. 시바보다 열두 살가량 나이가 많았다. 하지만 인간 관찰을 잘하는 시바인데도 나이를 깨닫지 못했던지 아오키를 동년배로 생각해 처음부터 "아오키, 아오키" 하고 마구 불렀다. 열두 살도 더 연장이라는 걸 안 때는 아오키가 예순이 되었을 때라고 하니 대단히 희귀한 이야기다. 당초부터 아오키는 알고 있었지만, 경칭 없이 이름을 부르는데도 아무렇지 않은 표정을 지었다.

시바는 나중에 『가도를 간다』 시리즈의 「잇키·쓰시마의 길」 첫머리에 아오키를 등장시킨다. 아오키가 심장병으로 죽은 직후였다.

1911년 쓰시마에서 태어난 아오키는 고향에서 중학교를 졸업하고 이세伊勢에 있는 고갓칸皇學館을 나와 쓰시마에서 가까운 부산에 있었던 『부산일보』 기자가 되었다. 그곳은 전쟁으로 사라졌고, 어떤 일인지 모르지만 교토로 흘러들었다.

'학문적인 관심은 없었으나 메이지 초기 논설신문 기자인 듯, 신문이 좋아 참을 수 없어 하는 점'이 있었다.

게다가 「잇키·쓰시마의 길」에 따르면 다음과 같은 인물이었다.

"어떤 일을 하든지 그것이 천하에서 제일 중요한 일인 것처럼 미친 듯이 열중했다. 젊을 때부터 옆에서 도움 주는 사람이 있지 않았다. 다른 사람이 하는 게 모두 마음에 들지 않았기 때문에 전부 혼자서 하는 체질이어서 마누라조차 없었다. 처음부터 가진 게 없었다. 메이지 시대의 장사壯士와 무로마치 시대의 운수雲水(탁발승·역주)와 에도 시대 말기의 직인職人을 각각 조금씩 모아서 만든 것 같은 성격이었다."

시바는 아오키에 대한 기억에는 "항상 의미도 없는 귀기鬼氣와 해학이 표리가 되어 따라다녔다"고 했다.

양산박 중에서 특히 인품이 좋은 오카모토가 아내를 얻자 아오키는 "그도 타락했군" 하고 내뱉듯이 말했다. 게다가 아이가 생기자 "이제 구원하기 어렵다"고 이를 악물며 떠들어댔다.

"어쨌든 A(아오키)의 장대한─그러나 내용은 명확지 않은─뜻으로 볼 때 신문기자는 누항(좁고 더러운 거리. 자기가 사는 동네를 겸손하게 이르는 말·역주)에서 궁벽하게 살다 죽어야 할 존재였다. 적어도 시민적 행복을 바라는 놈은 부끄러워 죽어야 한다는 생각을 굳게 갖고 있었다."

시바라고 할지라도 이런 특이한 인생관을 가진 선배 기자를 다소 힘겨워했던 것 같다. 그러나 평생 지녔던 신문기자상의 일단이 이 아오키 고지로라는 쓰시마 출신 선배로부터 영향을 받은 것은 틀림없다.

더구나 이 작은 신문사에서 아오키와 만난 일은 나중에 시바의 작가 인생에서 실로 커다란 디딤돌이 되었다.

아오키는 훗날, 교토에 본사가 있는 『주가이中外일보』라는 불교계 신문에서 편집국장으로 일하게 된다. 그리고 거기서 아직 『산케이신문』 기자와 신출내기 작가로서 양다리를 걸치고 있던 시바 료타로에게 소설을 연재하게 한다. 『올빼미가 있는 도성』이라는 역사소설이었다.

이 소설은 나중에 『올빼미의 성』으로 제목을 바꿔 고단샤에서 단행본으로 출판해 1959년 하반기 나오키상을 수상한다. 시바는 이 소설로 단숨에 일류 작가 반열에 들어가지만, 이는 아직 십수 년 후의 일이다.

그러나 이 개성파 집단이 떠받치고 있던 신흥 신문도 겨우 1년 반 후인 1948년에는 깨끗이 사라져버렸다.

당시 심각한 종이 부족 상태에 있었다는 것은 이미 말했다. 그렇기에 "오늘날 독자들이 바라는 것은 무엇인가. 활자로 더럽혀진 신문보다도 인쇄되지 않은 새하얀 신문지는 아닐까"라고 생각하는 사람이 『신니혼신문』에도 나타났다. 요컨대 용지를 부정 유출한 것이었다. 어쨌거나 인쇄된 신문지보다도 백지인 종이가 40% 정도 비쌌기에 그렇게 했던 것도 무리는 아니었다.

그런 나쁜 일이 발각되지 않을 리가 없다. 신문용지의 배급권을 쥐고 있던 일본신문협회가 알게 되어 용지 배급이 중단됐다. 당연히 신문 발행을 할 수 없게 되었다.

후쿠다와 오다케, 그리고 가미타니 등은 급히 노동조합을 결성해 도쿄에 있는 신문협회를 찾아가 "신문용지 부정 유출은 중역이 저지른 일입니다. 그 때문에 종이 배급을 정지한다면 피해를 보는 것은 우리들 죄 없는 종업원입니다. 신문을 갖지 못한 신문기자라니 웃기는 일 아닙니까" 하고 진정을 넣었다.

그러나 협회 측은 "신문협회 위에는 연합국군총사령부의 눈이 번뜩이고 있다. 우리가 괜찮다고 하더라도 달리 어찌할 수 없다"고 싸늘하게 대꾸했다.

"일본의 신문이 외국인을 의식해 신문을 내야 하는 것은 아니다. 그렇다면 차라리 폐간하는 게 낫다."

결국 그렇게 되었다. 시바는 나중에 "정말로 젊다고는 하지만, 그 신문기자 근성이라는 것이 의기양양한 것이었다. 당시 일본의 관청, 기업체, 대학 등 온갖 단체가 총사령부와 밀접한 관계를 갖는 걸 최고의 영광으로 여길 때였다"고 회고했다.

1948년 초 도쿄에서 12명의 은행원이 독살된 '제국은행 사건'이 일어나고, 미소라 히바리(일본의 쇼와 시대를 대표하는 가수-역주)가 데뷔했으며, 해외에서는 베를린이 봉쇄되어 동서의 대결이 거세지던 때였다.

## 갑작스러운 '사찰 취재'

 『산케이신문』 교토지국(현재는 총국)은 지금이나 예전이나 교토시 시모교下京구 '가라스마 부코지佛光寺(불광사) 위'라는 곳에 있다.

 동서로 난 부코지길에서 가라스마길을 만나면 조금 북쪽에 있다. 이 길 이름의 바탕이 된 부코지는 진종 부코지파 총본산인 옛 절로 지국의 바로 동쪽에 있다. 옛날엔 라쿠토洛東(교토의 동쪽 지역-역주)의 시부타니澁谷에 있었지만, 16세기 도요토미 히데요시豊臣秀吉(1537~1598)가 그 땅에 호코지方廣寺(방광사)의 대불전을 세운다고 이전을 요구해 어쩔 수 없이 지금 자리에 새 가람을 세웠다. 그런 내력이 있다.

 제법 다닐 만했던 『신니혼신문』이 어이없이 사라진 뒤 시바와 오다케 두 사람은 『산케이신문』 교토지국으로 옮겨가게 되었다. 1948년 6월이었다.

 지금은 근대적인 빌딩으로 바뀌었지만 당시 지국은 『신니혼신문』이 있던 곳과 그다지 다르지 않은 목조 2층 건물로 가정집 같은 모습이었다.

 시바보다 3년 정도 뒤에 입사한 가쿠타 요시오角田吉夫(훗날 『산케이신문』 본사 운동부 기자)에 따르면 좌우 여닫이문 입구 왼쪽에 '산케이신문사', 오른쪽에 '오사카신문사'라는 간판이 걸려 있었다. 1층은 20첩疊(다다미 한 장 크기-역주) 정도 마루방으로 사무용 책상이 몇 개 놓여 있었고, 안쪽 복도를 따라가면 다다미가 깔려 있는 방이 있었다. 숙직용이었다.

겨울엔 난로를 피웠는데 실내가 건조해 마루에 물을 뿌렸다. 그러니 마루 판자가 금세 썩어서 몇 번이나 판자를 갈아야 했다.

때로 2층에서 일을 하면 마루에 떨어진 연필이 저절로 데굴데굴 굴러다녔다고 회고한 지국 OB도 있다. 기울어져 있었기 때문이다. 그런 지국이었다.

시바와 오다케가 『산케이신문』에 입사한 것은 쓰치하시 시로의 약속이 있었기 때문이었지만, 당시 『산케이신문』 교토지국장이었던 마쓰무라 오사무松村收도 적극 주선해주었다.

두 사람에게 쓰치하시는 "오사카 본사에서 일하는 게 어떤가"라고 권했지만 "마쓰무라 씨와 의리도 있었기 때문에" 교토에서 근무하기를 희망했다.

다만 오다케는 "나는 시험을 치르고 들어갔기 때문에 정기 입사였지만, 시바 씨는 시험을 치르지 않았던 것 같다"고 말한다. 십수 년 후 오사카 본사 문화부 시절의 시바와 결혼한 아내 후쿠다 미도리는 "시바 씨는 통역으로 입사했어요"라고 의외의 사실을 말했다.

지금에서야 그 진상을 알기는 어렵지만 『신니혼신문』에서 둘이나 기자로서 채용하기는 어려운 사정이 있어 시바는 "외대 졸업생이니 통역이라는 형태로 들어오라"고 얘기가 되었는지도 모른다.

실상은 둘 다 기자였다. 그러나 이렇게 입사할 때 사정이 기자 시바의 마음속에 조금이라도 응어리로 맺혀 나중까지 남아 있었던 것도 부정하기 어렵다.

그건 그렇다 치고 교토지국에서 맡은 분야는 시바가 '데라 마와

리寺回り(사찰 취재-역주)'라고 불리는 종교와 대학, 오다케는 경찰이었다.

예나 지금이나 그렇지만 신입 신문기자가 지국에 배속돼 처음 담당하는 일은 경찰로 되어 있다. 매일 일어나는 사건·사고를 취재해 이를 기사로 쓰는 일에서 기자로서의 기본기를 배우는 것으로 되어 있다. 당시『산케이신문』교토지국도 물론 그랬다.

지국원은 지금보다도 꽤 많은 30명 정도였다. 젊은 기자는 대체로 경찰 취재였는데, 당시는 국경國警과 시경市警 본부가 있었고, 이 밖에 교토 시내에 13개 경찰서가 있었다. 그 경찰서마다 한 사람씩 담당이 있었다. 타사보다 수가 많았다. 선임 기자가 경제나 교토부청, 교토시청을 담당하는데 가쿠타에 따르면 "이런 곳이 꽃보직"이었다.

그러나 시바는『신니혼신문』에서 처음 몇 개월 경찰 취재를 했다고는 하지만『산케이신문』에서 갑자기 베테랑이 담당하는 사찰 취재를 맡았다. 그것도 1952년 7월에 오사카 본사 근무를 할 때까지 4년여 동안 한 번도 담당이 바뀐 적이 없었다.

오다케는 "물론 지국에서는 그동안 몇 차례나 담당을 바꾸는 인사가 있었지만 시바 씨를 바꾸자는 이야기는 한 번도 나오지 않았던 것으로 기억한다"고 말했다.

가쿠타 씨에게 물으니 "종교, 대학이라는 곳은 누구도 취재를 하고 싶어 하지 않았지. 저런 어려운 곳은 담당하지 못하겠다고 했지. 시바 씨도 이를 잘 알고 있었지만, 담당을 바꿔달라고는 하지 않았어. 모두 시바 씨에게 맡기는 게 좋겠다고 하는 분위기였어. 가끔 만나면 설교 같은 말을 들으니까 우리도 맡기를 어려워했지"라고 했다.

교토지국에서는 상당히 특별 취급을 받은 것으로 보인다.

시바가『신니혼신문』시절부터 종교와 대학을 담당해 이미 '실적'을 올렸던 것이 이유 중 하나였다

당시 교토대학에 사사 겐조佐々憲三라는 지진학자가 있었다. 그가 주장한 '긴키 지방에 큰 지진이 있을지도 모른다'는 긴키지진설을『신니혼신문』의 시바가 특종한 적이 있었다고 한다. 시기와 장소는 조금 어긋나지만 1948년 6월 28일 시바가『산케이신문』에 입사한 직후 일어난 후쿠이 대지진이 거기에 들어맞는다는 견해도 있었다.

마쓰무라 등의 입장에서는, 가쿠타가 말한 것처럼 대학이나 종교 같은 '까다로운' 담당은 손에 익은 시바에게 맡겨두자는 생각이었을 것이다.

게다가 시바는 본사로 전근한 후에 문화부로 발령받았는데, 이에 대해「자전적 단장 집성」(『시바 료타로의 세계』수록)에서 다음과 같이 서술한다.

"아직 서른 살이었지만, 이미 나는 신문기자로서 차고車庫에 들어간 듯한 느낌이었다고 말하는 것은 사회부에서 문화부로 발령받았기 때문이지요. 미술 비평을 쓰게 되었지만, 그게 싫어서 무엇 때

문에 신문기자가 되었나 하고 생각했지요. 화재가 일어나면 뛰어가려고 했었는데, 벌써 쇠락한 기분이었습니다."

이 말은 시바의 신문론, 또는 신문기자론에도 관계되는 것으로 나중에 자세히 짚어보겠다. 다만 이 시절의 시바가 '사건 현장을 돌아다니고 싶다'는 마음을 감추고 부글부글 속을 끓이면서 사찰 취재를 했는지, 또는 '그것이 이상적이지만 이쪽을 향하고 있다'고 납득하면서 했는지 지금으로선 알 수 없다.

그러나 일본의 신문기자가 많다 할지라도 기회를 얻는 이는 희소하다고 할 '사찰 취재'를 몇 년이나 계속했다는 것이 훗날의 작가 시바 료타로의 많은 부분을 형성한 것만큼은 틀림없을 듯하다.


## 기자실

지금은 빌딩 계곡 사이에 매몰된 듯하지만, 서로 겨루는 것처럼 우뚝 선 두 개의 대가람이 교토역에 내린 사람들을 맞이한다.

가라스마길에 접해 있는 것이 정토진종 오타니大谷파의 본산 히가시혼간지東本願寺(동본원사), 그곳에서 서쪽으로 300m 정도 떨어져 호리카와堀川길에 있는 것이 정토진종 혼간지파 본산인 니시혼간지西本願寺(서본원사)이다. 교토 사람들은 '동씨(오히가시상)', '서씨(오니시상)'라고 친근하게 부르지만 그 위용은 어쩔 수 없이 이 마을이 커다란 종교도시라는 것을 실감하게 한다.

교토에서 종교기자로 일하던 시절 히가시혼간지 기자실에서 찍은 사진. 뒷줄 맨 오른쪽이 젊은 날의 시바 료타로(1950~1951년 무렵). 시나오카 가네아키 제공

　종전 직후 무렵이었다. 동씨의 섭외실에 오타니대학을 갓 나온 활기찬 청년 스님이 있었다. 이름을 시나오카 가네아키等岳兼昭라고 했다. 오이타현 기쓰키杵築시의 겐쇼지玄昌寺(현창사)라는 절의 상속자였는데, 절을 이어받기 전까지 그사이에 본산에 취직해 있었다. 각 신문사의 취재 창구 역할을 하는 것이 주요한 업무였는데, 시원시원하고 쾌활한 성격으로 동씨를 출입하는 기자들에게 사랑을 받았다.

　1947~1948년 무렵, 그 시나오카에게 "종교기자회를 만들려고 하는데…"라는 상담이 들어온다. 『교토신문』에서 종교기자로서 명성

을 떨치던 오가사와라 아쓰노부小笠原淳信 등이었다.

교토에는 불교 각 종파의 본산만으로도 수십 개의 절이 있다. 커다란 종교도시이다. 그렇지만 GHQ의 종교 개혁과 전후 민주주의 물결 속에서 각 종파도 그 존재 방식을 고민하며 발버둥치고 있었다. 평소의 행사라도 화제를 부르는 일이 있고, 인사人事도 있다. 신문 뉴스에 빠질 수 없었다. 하지만 이를 하나하나 쫓아다니는 것은 힘든 일이다. 어딘가 정보를 모으는 장소가 있으면 편리하다. 그런 이유에서였다.

시나오카는 각 사의 본사와 지국, 게다가 각 종파의 본산을 뛰어다니며 허락을 받았다. 정보를 모아 기자들에게 쉽게 전달할 수 있도록 히가시혼간지 종무소 안의 한 방을 기자실로 제공하기로 했다.

"지금 기자실의 2배 정도 되는 넓은 방에 회사마다 책상과 전화를 하나씩 놓았습니다. 다른 기자실에는 마작대가 있었지만 절에는 조금 어울리지 않기에 바둑과 장기판만 놓도록 하였지요."

현재, 겐쇼지 제16대 주지인 시나오카에게는 그리운 기억이다.

그때부터 얼마 안 있어 니시혼간지에서도 "우리도 기자실을 설치하고 싶다"는 말이 들어왔다. 이에 따라 동서 두 혼간지의 기자실을 중심으로 일본에 단 하나밖에 없는, 아마도 세계에서도 희소한 '종교기자 클럽(정확히는 교토 종교기자회라고 한다)'이 발족했던 것이다.

지금부터 이십수 년 전, 이 교토 종교기자회가 역대 사찰 취재기자들의 추억을 기록한 『종교계 금석今昔』이라는 소책자를 냈다. 이에 따르면 초기 무렵 각 사의 담당기자에는 오가사와라를 비롯해 나중에 류코쿠龍谷대학 교수가 된 『석간 교토』의 모리 류키치森龍吉(1916~1980), 요리평론가가 된 같은 회사의 고쿠분 아야코國分綾子(1910~2007), 교토여자대 교수가 된 『도都신문』의 하라다 노리오原田憲雄 등 쟁쟁한 멤버의 이름이 이어지고 있다.

　　그리고 물론 그 안에 『산케이신문』의 초대 종교 담당 기자로서 나중에 시바 료타로가 되는 후쿠다 데이이치의 이름도 있다. 시바도 이 책자에 한 문장을 적었다.

　　"내가 지나온 세월을 돌아보면 별다른 일은 없고, 1947년부터 6년간 교토에서 종교를 담당했던 추억뿐이다. 구름 사이에서 햇살이 떨어지는 아름다운 분지를 돌아보는 듯한 인상이 있다."

비운각飛雲閣에서의 낮잠

시나오카에 따르면, 시바는 기자실에서 때때로 오목을 두고는 했다. 그래도 다른 기자와 비교하면 기자실에 있는 시간은 매우 짧았다. 대학 담당을 겸하고 있어서 오후에는 교토대학의 기자실에 간 적이 많았던 때문이기도 하지만, 동서 혼간지의 기자실 이외에 '있을 곳'을 몇 군데 찾았기 때문이기도 하다.

당시 니시혼간지의 기자실은 정면 본당에 해당하는 아미타당과 어영당에서 왼쪽으로 돌아가 뒤쪽에 있는 작은 별도 건물에 마련돼 있었다. 지금은 혼간지 중앙유치원의 일부가 되었다. 근처에 국보로 유명한 가라몬唐門도 있다.

이 기자실에는 시바가 죽은 후 유명해진 '시바 씨의 소파'가 있다. 언제나 시바가 이 기자실 소파에 드러누워 책을 읽고 있었다는 전설이 전해 내려와 그런 이름이 붙었다. 그러나 이 전설도 그저 전설일 뿐인 듯하다. 기자실에 그럴 정도로 오래 있지 않았기 때문이다. 소파에 끊임없이 엎드려 있을 수가 없었다.

『종교계 금석』에서『교토신문』의 전 종교기자인 니시아라이 다케시西荒井猛는 "후쿠다 씨는 기자실에 얼굴을 보여도 곧바로 류코쿠대 도서관으로 직행해 자료를 늘 참조하며…"라고 썼다.

그 류코쿠대 도서관은 현재도 예전 기자실의 바로 앞에 있다.

시바는 히가시혼간지에 갈 때는 종무소 안에 있던 교화연구소라는 방에 자주 들어갔다. 여기에는 종교 관계만이 아니라 역사 관련 고서나 자료가 가득 소장돼 있었다. 당시 시바의 '지식의 홈그라운

'연수'로 찾은 도쿄 야나카谷中묘지에서. 맨 왼쪽 사진기를 목에 건 이가 시바 료타로. 가운데는 당시 『석간 교토』 기자로 요리평론가인 고쿠분 아야코(26~27세 무렵). 시나오카 가네아키 제공

드'는 류코쿠대 도서관이나 교화연구소였다고 하는 게 맞다.

그렇게 왕성한 지식욕을 만족시킨 후 잠시 명상에 빠져드는 장소도 있었다. 니시혼간지 동남쪽, 기자실에서도 가까운 곳에 비운각飛雲閣이라는 국보 건물이 있다. 덴쇼天正(1573~1593년) 연간 도요토미 히데요시의 저택으로 교토에 건립한 주락쿠다이聚樂第의 일부를 이설하고 새로 그 자리에 세웠다고 전해진다. 금각, 은각과 더불어 '낙양의 3각'이라고 불리는 우아한 건물로 알려져 있다.

현재는 화재에 따른 손실을 우려해 5월 신란親鸞(12세기 정토진종을 창시한 고승-역주) 성인의 탄생 법회 외에 내부는 물론 외부를 도는 것조차 비공개로 되어 있다.

하지만 시바가 사찰을 취재할 때는 조금 융통성이 있었던 듯하
다. 때때로 이 비운각 안으로 들어가 1층의 초현전招賢殿이라고 불
리는 다다미 방에서 낮잠을 자거나 명상을 했다고 한다.

주위 큰길에서도, 절 안의 떠들썩한 곳에서도 격리되어 그러기
딱 알맞은 장소였다. 닌자 쓰즈라 주조葛籠重蔵가 히데요시가 있는
성에 몰래 잠입하는 소설『올빼미의 성』구상은 이곳에서 비롯되었
을지도 모른다.


## 역사가 살아 있다

시바는 종교 담당 시절의 기억을 여러 곳에서 말하거나 썼다. 그
중에서도 훗날 불교계 일간지『주가이일보』에서 연재소설『올빼미
가 있는 도성』(뒤에『올빼미의 성』으로 제목을 바꿈)의 원고 받는 일을 담당
했던 여기자 사가에 히로코佐賀枝弘子(1932~2003)는 시바가 직접 말
해준 두 가지 이야기를 잊지 않고 있다. 사가에는 현재 도야마富山
현 우오즈魚津시 에이묘지榮明寺(영명사) 주지의 부인이 되었다.

시바가 니시혼간지 기자실에서 엎드려 있을 때였는지 또는 종무
소 복도를 걸어 다닐 때 이야기였는지는 사가에도 확실하지 않다.
가죽점퍼를 입은 젊은이가 오토바이에서 내려 서슴없이 들어왔다.
'뭐야, 이 사람은' 하고 생각하던 종무소 직원에게 그가 "오늘 주문
은요?" 하고 물었다. 아마 절에 출입하는 과자상점 배달원 같았다.
노포 과자상점에 있기엔 활기가 지나치게 좋지 않나 미심쩍게 여

58

기며 물었다.

"당신, 여기 본산 출입인가?"

"네, 용달입니다."

"줄곧?"

"네, 줄곧."

"언제부터?"

"잇코잇키一向一揆(15~16세기 정토진종 승려들의 반란-역주) 무렵 오사카 성에 떡이나 과자를 납품했다고 들었으니 400년 전부터요. 뭐 잘못 됐나요?"

'교토는 이런 고을이라네' 하면서 자못 감탄했다 한다. 말할 필요도 없지만 잇코잇키는 정토진종의 문도들이 다이묘 지배와 싸웠던 봉기로 오사카성(이시야마[石山] 혼간지)은 그 후기에 중요한 거점이었던 곳이었다.

또 하나는 역시 니시혼간지에서 당시 문주門主 오타니 고쇼大谷光 照(1911~2002)와 대면했을 때의 일이다.

"실은 저의 집안도 니시혼간지의 문도입니다. 시골에서 전하는 얘기로는 잇코잇키에 참가했던 적도 있다고 하는 것 같습니다."

이렇게 말하자 진지함을 그림으로 그린 듯한 그 문주가 두 손을 무릎 위에 모으고 "그 일은 정말 고생을 많이 하셨습니다"라고 했다.

이 또한 역사가 살아 있다고 실감한 것이었다고 했다고 한다.

기후현 게로下呂온천 위로 여행. 맨 왼쪽에 상의를 벗은 이가 시바 료타로.
시나오카 가네아키 제공

## 동서 혼간지의 합병?

당시로서는 아무래도 우아한 이야기지만, 기자실에서는 연수라고 부르며 각지의 절과 신사를 찾아 여행하는 일도 있었다. 시나오카 등이 사무국으로서 준비했고 물론 후쿠다도 참가했다. 큰 곳으로는 요코하마의 소지지總持寺(총지사), 후쿠이福井의 에이헤이지永平寺(영평사) 등을 찾았다.

소지지를 방문했을 때는 전원이 여관 대신 절에서 숙박했다. 그것은 아주 새로운 잠자리여서 일동이 감격했다. 신문기자 일행이라고 알게 되면 절의 종사宗師가 '무운장구'가 아니라 '문운장구文運長久'라는 기원을 써주었다. 전쟁이 끝나고 얼마 되지 않았을 때의 얘기지만, 시바로서는 확실히 '문운장구'가 되었다.

시나오카는 이때 시바 등과 찍었던 '연수 여행' 사진을 히가시혼간지 기자실에서 찍은 기념사진과 함께 지금도 소중하게 간직하고 있다. 지금으로선 초기 기자 시절의 귀중한 사진이다. 대부분의 사진에서 시바는 끄트머리나 뒤쪽에서 사양하는 듯이 찍혀 있다. 조금 흰 머리카락이 난 머리, 동그란 안경, 어떻게 봐도 매우 조용한 연구자 같은 느낌이다.

이렇게 종교를 담당하면서 교토의 분위기나 역사를 가슴 깊이 호흡했던 시바였지만, 신문에 원고는 그 정도로 많이 쓸 수는 없었다.

시나오카와 시바는 나이도 비슷해서 뭐든 얘기하면서 함께 놀러 다니는 사이였다. 시나오카가 때때로 "조금은 원고를 쓰는 게 좋지 않아" 하고 충고했다. 시바의 대답은 늘 같았다. "그런 거 쓴다 한들

1950년 무렵 에이헤이지 연수 여행. 뒷줄 가운데, 시바 료타로만 모자
를 쓰고 있다. 시나오카 가네아키 제공

어차피 채택되지도 않아."

실제로 당시 『산케이신문』은 뉴스면도 적고 종교 관계 기사가 실리는 적은 드물었다. 지방판에서도 교토 시내에 30명 이상 기자가 있었기 때문에 자신이 쓴 기사를 싣는 것은 용이한 일이 아니었다. 좋게 말하면 통 큰 경영, 나쁘게 말하면 방만한 경영을 하던 당시 『산케이신문』의 체질 속에서 시바는 느긋하게 시간을 보내면서 소양을 닦을 수 있었다.

그렇지만 한번은 경쟁사의 기자들이 깜짝 놀랄 '특종'을 『오사카신문』(석간) 톱으로 쓴 적이 있다. '동서 두 혼간지 합병하나'라는 기사였다. 『종교계 금석』에 쓴 전 『마이니치신문』 기자 기타오 마사야스北尾正康의 기억에 따르면 이렇다.

"우리 시대 종교기자실은 동서 두 혼간지에 있었는데 자주 사람이 모이던 곳은 동쪽이었지. 시나오카 가네아키라고 사람 잘 챙기고 성격 쾌활한 청년 스님에게 신세를 지고 있었지. 이 기자실에서 가랑이를 벌리고 화롯불을 쬐던 산케이의 후쿠다 데이이치(시바 료타로), 아사히의 다니 슌지谷俊次와 노닥거리는 게 낙이었어. 다만 후쿠다 기자가 어느 날 '동서 두 혼간지 합병하나'라는 기사를 석간 톱으로 써서 큰 피해를 보았던 기억이 나네."

안타깝지만 50년 이상 지난 지금, 그 기사를 확인할 길은 없다. 다만 시나오카는 이렇게 증언한다.

"확실히 그런 기사가 있었습니다. GHQ(연합국군총사령부) 쪽에서 혼간지가 두 개 있는 게 이상하다, 합병하면 어떤가 하는 말이 있었던 것은 사실인데 시바 씨 기사도 이런 정보에 근거한 것이겠지요."

'합병'은 실현되지 않았지만, 소위 '날림 기사'는 아니었고 어떤 근거가 있었던 것은 틀림없는 것 같다. 물론 동서 두 혼간지의 대립을 보아온 시바의 '바람'이 있었던 것도 사실 아닐까.


## 야마부시山伏의 세계

'야마부시山伏(산에 기거하며 수행하는 승려-역주)'를 만나 흥미를 가진 것도 이 무렵이었다.

시바가 『가도를 간다』의 「라쿠호쿠洛北(교토 북쪽)제도諸道」(「구조·시라카와가도, 사카이·기슈가도 외」 수록)에 쓴 것에 따르면 '패전 후 3년 지난 초여름'이었다 하니 기자 후쿠다가 『신니혼신문』을 그만둔 직후이거나 『산케이신문』에 막 들어간 때일지 모른다. 교토의 마루야마円山공원에 전국에서 야마부시들이 감색 가사를 입고 모였다. 시바의 기억에 따르면 수백 명 이상이었다 한다. 그중에는 소라고둥을 부는 이도 있었다.

교토 진주군進駐軍은 "야마부시는 사무라이 아닌가" 하고 의심하여 야마부시의 총본산인 교토의 쇼고인聖護院(성호원)에 문의했다. 쇼고인 측은 "야마부시는 무사가 아니라 종교인입니다. 산야山野를 돌아다니기 위해 그런 옷차림을 하는 것입니다. 일본에서 슈겐도修驗道의 역사는 오래되었습니다만, 야마부시의 옷차림이 그렇게 된 것은 헤이안平安 시기부터라고 전해오고 있습니다."

이렇게 설명하며 애를 써서 집회를 허가받았다고 한다.

시바가 종교기자로서 그곳에 갔는지, 단지 역사에 관심이 있어서 갔는지는 잘 모르겠다. 어느 쪽이든 진주군 군인들과 함께 잔디밭에 앉아 흥미롭게 본 것 같다. 「라쿠호쿠제도」에 이렇게 썼다.


"중세라는 것은, 그 당시 진언밀교의 수련법을 얼마나 믿고 있었는지를 이해하지 못하면 그 역사도 문학도 그 시대 사람의 마음도 알 수 없다. 야마부시들은 때로는 가뭄에 비를 내리게 하는 일도 할 수 있었고, 또 딸인지 아들인지를 미리 알고 낳게 하거나 병든 사람을 고치는 일, 또는 사람을 저주해 죽이는 일도 할 수 있었다. 진언밀교는 서양에서 말하는 마법이었다. (중략)

야마부시는 엄밀한 의미에서 승려는 아니다. 밀교학 교양이 깊을 리도 없었다. 그러나 간단한 수련법을 심득해 때로 종교적 체질은 관승官僧보다 우수한 이들이 많았다. 이 때문에 관승에게 복을 비는 기도를 부탁하기 어려운 서민들이 야마부시에게 이를 부탁했다."


이에 대한 관심은 시바를 라쿠호쿠·구모가하타에 있는 진언종 닌나지仁和寺(인화사)파의 절 시묘인志明院(지명원)으로 향하게 했다.

구모가하타는 교토의 북쪽 변두리로 가미가모上賀茂신사에서 교토 시내를 흐르는 가모가와賀茂川를 따라 10km 이상 올라간다. 행정적으로 말하면 교토시 가미교上京구이지만, 아무래도 교토시라고는 생각할 수 없는 시골 마을이다.

시묘인은 게다가 마을에서 산으로 한참 들어간 곳에 있다. 「라쿠호쿠제도」에 따르면 "온 산이 경내로서 봉우리, 벼랑, 골짜기에 수행할 곳이 많아" 야마부시들의 수련장이 되지만, 야마부시들마저도 "대단히 행력行力이 있는 사람이 아니면 이 산은 무서워서 가까이할 수 없다"고 한다. "요컨대 정체를 알 수 없는 이매망량魑魅魍魎(온갖 도깨비-역주)이 서식하고 있다는 것이다." 그런 곳이었다.

과연 나루카미쇼닌鳴神上人이 비 내리는 것을 멈추게 하는 술법을 걸지만, 여색에 홀려 술법이 깨진다는 가부키 십팔번『나루카미』의 무대가 된 적이 있다.

시바는 기자 시절부터 "진언밀교를 알고 싶어서" 자주 이곳에 발걸음을 옮겼다. 그뿐 아니라 오사카 본사로 옮긴 후에도 휴가를 얻어 1주간, 2주간 이 절에 머물며 때로 고독에 빠져 소설을 쓴 적도 있다고 한다.

당시 주지의 아들로 현재 주지인 다나카 마스미田中眞澄는 소학교 5~6학년 때 그런 시바의 모습을 자주 보았다.

"아무튼 이런 곳이었으니까 '학교는 어떻게 가니' 같은 말을 들었어요. 모노노케(요괴-역주) 같은 말을 처음 쓴 이도 시바 씨로, 여기에 와서 그런 말이 떠오른 것 같아요."

시바는 여기에서 함께 지낸 야마부시에게서 불덩어리를 솟아오르게 하는 술법 등을 보았다고 한다.

후에 "이런 이상한 경험이 『올빼미의 성』이나 『요괴』를 쓰는 데 매우 도움이 되었다"고 썼지만, 그는 이런 야마부시와 이매망량과 복을 비는 기도의 세계가 결코 싫지 않았다. 아니 그런 세계를 이해하지 못하면 중세의 역사를 알 수 없다. 그것을 배운 것도 역시 교토 시절이었다.

제3장

때를

기다리는

지국

기다리는

기자

시바 료타로 소설에 히지카타 도시조土方歲三(1835~1869) 등의 신센구미新選組를 다루는 『타올라라 검』이 있다. 앞부분의 무대는 대부분 교토이다. 곤도 이사미近藤勇(1834~1868)와 히지카타 등이 자주 구로다니黑谷에 있는 아이즈会津 번주 마쓰다이라 가타모리松平容保(1835~1893)의 본진을 찾아가 신센구미의 결성 등에 대해 서로 이야기한다. 구로다니는 가모가와 동쪽 현재의 교토시 사쿄左京구, 높직한 산도 구릉도 없는 요시다야마吉田山의 남쪽 들판 부근이다.

소설의 첫 장면에서는 "쇠 압침을 박은 성문 같은 문이 우뚝 솟아 있다. 아이즈 본진이라고 하는데 겉모양은 정토종 별격본산 곤카이코묘지金戒光明寺(금계광명사)이다. 하지만 사원 건축이라기보다는 구릉을 등에 진 성곽 같은 모습이다"라고 묘사한다.

분큐文久 2년(1862년) 교토 슈고守護 직에 임명된 마쓰다이라 가타모리는 이 견고한 요새 모양의 곤카이코묘지를 숙소 겸 주둔지로 하여 여기에서 존왕파 지사들이 꿈틀거리는 교토의 고을을 노려보면서 하마구리고몬蛤御門 전투 등에 출진했다.

곤카이코묘지는 백수십 년이 지난 지금도 그곳에서 위용을 자랑하고 있다. 그 뒤편 묘소의 한쪽에는 마쓰다이라 가타모리를 따라 도바·후시미 전투 등에서 쓰러진 아이즈 번사들의 묘가 있다. 약 300명이 고향을 멀리 떠나 잠들어 있다. 여담이지만 이 묘소는 지금 고묘지光明寺(광명사)의 부속 절이 정성으로 관리하고 있으며, 매년 아이즈 와카마쓰에서 수학여행 오는 고교생들이 참배하고 있다.

이 곤카이코묘지에서 요시다야마를 나와 요시다신사를 지나면 교토대학 캠퍼스가 있다. 예전부터 구로다니 부근에 하숙하는 교토대생들은 즐겨 이 코스로 대학을 다녔다.

교토대학은 일본의 두 번째 국립대학으로, 가모가와鴨川 동쪽 땅에 창립된 때가 메이지 30년(1897년)이었다. 3년 전에(이 책 초판이 2000년 나왔다-역주) 100주년을 맞았지만, 시바가『신니혼신문』시절 종교와 함께 이 교토대학을 중심으로 대학을 담당하게 된 때는 딱 그 중간점에 이르는 쇼와 22년(1947년)이었다. 『산케이신문』에 입사한 후에도 계속 종교와 대학을 담당한 것은 앞에서 서술한 바와 같다.

히가시오지東大路라는 남북으로 난 큰길에서 요시다신사를 향해 동쪽으로 들어가면 왼쪽에 정문이 있다. 정문의 정면 시계탑 있는 건물이 대학 본부로, 2층 총장실 옆에 기자실이 있었다. 지금도 기자실만은 같은 장소에 있다.

유카와 히데키湯川秀樹(1907~1981) 박사 등 노벨상 수상자와 외국의 저명인사들이 와서 기념강연을 하는 곳은 대체로 1층에 있는 '법경法經 1번'이라고 불리는 교실이었다.

또 하나 관련하여 말하면 대학 분쟁에 날이 새고 저물던 쇼와 40년대 전반, 이 본부 건물은 자주 전공투全共鬪 학생들에게 봉쇄되어 그때마다 기자실도 사용할 수 없게 되었다. 그런 역사를 안고 있는 건물이었다.

『신니혼신문』시절부터 이 기자실에서 책상을 나란히 했던 사람

중에는 훗날 요미우리TV의 프로듀서와 오사카부府 참여參與 등으로 일하고, 전후 여성 저널리스트의 선구적 존재가 된 스에쓰구 세쓰코가 있었다. 스에쓰구는 '원고를 쓸 정열을 가진 여성, 모여라'라는 광고 문구에 이끌려 『교토니치니치신문』에 들어가 활동한 기자였다. 이 또한 앞에서 언급했다.

스에쓰구가 본 당시 시바 씨는 '바람 같은 사람'이었다.

종교 담당을 겸했기 때문에 교토대 기자실에 오는 때는 대체로 오후가 되어서였다. 제대군인 외투를 입고 옷자락을 바람에 펄럭이며 '바람처럼' 기자실에 들어오면 석탄 난로 앞에 앉았다. 그대로 난로 앞에 자리하고 있다가 모두가 한꺼번에 방을 뛰쳐나갈 만한 일이 일어나도 홀로 조용히 앉아 있었다. 그런 인상이 남아 있다. 나아가 다음과 같이 말했다.


"게다가 얼굴색이 하얗고 웃으면 보조개가 생겼어요. 자신에 대해 '야인 무사의 마음을 가진 샐러리맨 기자'라고 스스로 썼지만, 적어도 외견은 야인 무사라는 이미지가 조금도 없었습니다."


시바는 훗날 스에쓰구의 수필집 『여자의 눈』(1981년, 소겐샤) 권두에 스에쓰구에 대한 글을 썼다.

그는 "이시자카 요지로石坂洋次郎(1900~1986) 씨의 『젊은 사람』에 나오는 하시모토 선생을 그녀에게서 느낀 적이 있다. (중략) 그녀와 비교하면 기자실의 남자들은 청춘의 기운이 마르기 시작했다는 의미로 어른처럼 꾀죄죄하게 보였다"고 발랄하고 싱싱한 그녀의 인상을 적었다.

이것도 여담이지만, 1952년에 『산케이신문』에 입사해 교토지국에 배속된 산카이 히데아키山海秀明(고인)는 그해 오사카 본사로 전근한 시바의 뒤를 이어 교토대학을 담당하게 된다. 인수·인계를 위해 산카이를 교토대로 데리고 간 시바는 정문 부근에서 시계탑 부근을 가리키며 "여기가 교토대학이다"라고 말했다. 그것뿐이었다.

20년 후 교토지국장이 된 산카이가 젊은 지국원에게 쓴웃음을 지으며 이야기했던 에피소드이다. 산카이는 가모가와를 옆에 끼고 있는 도시샤同志社대학 출신이었다.

당시 대학은 다루는 방법에 따라서는 뉴스의 보고였다. 학제 개혁으로 신제 대학이 시작하고 얼마 되지 않은 때여서 혼란도 있었다. 학생운동이 점점 거세지기 시작한 때로 교수들의 전쟁 책임을 추궁하는 움직임도 있었다.

대학에는 각각 현재적 연구를 하는 연구자가 얼마든지 있었고, 그런 면에서 뉴스를 얼마든지 발굴할 수 있었다. 특히 교토대학에는 유카와 교수의 일본인 최초 노벨상 수상이라는 빅 뉴스도 날아들었다.

그러나 그것을 하나하나 인계할 수는 없다. 뉴스원은 자신의 손과 발로 찾으라는 것이 시바 식의 인계였을 것이다.

자연과학

    종교 담당을 겸하는 까닭도 있어, 여기에서도 시바는 많은 원고를 쓰지는 못했다. 그러나 대학 안을 자주 돌아다녔다. 특히 이과계라고 하는 이학부와 공학부, 의학부의 교수들을 꽤나 파고들었다.

    시바는 「자전적 단장 집성」에서 오사카외국어학교에 들어간 때의 일을 회고하면서 어릴 때부터 수학 중에도 대수代數를 못했다고 털어놓고 있다.


    "그 때문에 결국 수학이 시험과목에 들어 있지 않은 외국어학교에 들어가게 된 것인데, 지금도 수학에 대한 콤플렉스가 있습니다.

    구제 고교 시험을 치를 때 어려움이 많았습니다. 수학은 먼저 0점이었어도 나중에 만점을 맞으면 가까스로 가능성이 있다는 계산을 하니, 그런대로 100점 만점에 63점은 맞는다. 그래서 통계적으로 볼 때 최저로 합격할 수 있는 곳이 어디인가 보니 고치高知고교와 히로사키弘前고교였지요. 나중에 『료마가 간다』를 쓰면서 도사土佐라는 곳에 열중합니다만, 그때는 도사라고 하면 좀 촌스러운 느낌이 들었고, 히로사키가 훨씬 문화적인 느낌이었습니다. 그런데 스무 시간이 걸려요. 오사카에서 히로사키까지. 그렇게나 시간이 걸리는 곳으로 가면 뭔가 되겠지 하는…. 하지만 지역에는 지역의 수재가 있거든요. 그래서 보기 좋게 떨어졌습니다. 무엇보다 수학은 문제의 의미조차 몰랐으니까요.

    하지만 신문기자 시절에는 과학 기사가 특기였습니다. 즉 이론

물리학의 양자역학에 대해 간단한 해설 정도는 지금도 쓸 수 있어요. 어떤 까닭인지요."

스에쓰구도 기억에 남은 일이 있다. 어느 날 스에쓰구가 해부학 교수를 취재하게 되었다. 의학부는 기자실 등이 있는 본부에서 전찻길을 넘어 별도 캠퍼스에 있었는데, 낮에도 어둑어둑해 썩 기분이 좋은 곳은 아니었다. 어떻게 할까 시바에게 얘기했더니 "그럼, 같이 가줄까" 했다. 교수 연구실 앞까지 함께 가주었다. "의학부 쪽을 잘 알고 있더라고요"라고 스에쓰구는 회고했다.

그 대신 문학부 등 문과계 쪽은 거의 돌지 않았다. 시바도 「자전적 단장 집성」에서 인정하고 있다.

"돌아다닌 곳은 자연과학 영역뿐이었고, 문·법·경에는 간 적이 없었어요. 나는 은밀한 문학청년인 셈이었지만, 끝내 문학부 교수와는 알고 지내지도 못했고, 또 그쪽 뉴스는 빠뜨려도 좋다고 생각했습니다."

당시 시바의 관심은 자연과학으로 향해 있었다. 함께 산케이에 들어간 오다케 데루히코는 "시바는 원고를 거의 쓰지 않았지만, 이야기는 재미있었다. 저녁에 지국에 돌아온 후 자주 그날 대학에서 취재한 일을 얘기했다. '오늘 ○○ 박사와 함께 흰옷을 입고 병원 안을 돌아다녔는데 재미있었다'라든가 '이런 실험을 보여주었다'고

했는데 의학이나 자연과학 이야기가 많았다"고 말했다.

　　나중에 작가로서 시바는 구와바라 다케오桑原武夫(1904~1988), 요
시카와 고지로吉川幸次郎(1904~1980), 다다 미치타로多田道太郎(1924~
2007), 가이즈카 시게키貝塚茂樹(1904~1987)라고 하는 석학들과 교류
도 있었다. 그러나 그것은 어디까지나 작가로서 일가를 이룬 후에
사귄 것이었다. 예를 들어 구와바라 다케오에 대해서는 이런 기억
을 갖고 있다. 아마도 1951년 교토대학 사건(히로히토 천황이 이해 11월
12일 교토대학을 방문했을 때 교토대학 자치회 학생들이 천황에게 5개조 공개 질문
장을 전하려다 벌어진 소요 사건-역주) 때로 생각된다. 수필집『고왕금래古
往今來』에서 인용한다.


　　"그 후 대학에 분쟁이 일어났다. 각 학부 교수가 각각 태도를 표
명했지만, 인문과학연구소만은 침묵했다. 한참 지나서 연구소의
통일된 의견을 타이프로 쳐서 사무원을 시켜 보내지 않고 교수가
직접 기자실로 가지고 왔다. 사진으로 봤던 구와바라 교수였다. (중
략) 그때 난처하게도 기자실에 나는 당번처럼 혼자 있었다. '이게 그
겁니다'라고 손으로 전하는 봉투를 받은 후 나는 실로 난처하게 응
대했다. 나는 스스로 지독히도 낯을 가리는 성격이라 여기고 있지
만, 그때 이 사람이 구와바라 씨인가 생각하니 뭔가 막대기처럼 우
두커니 서 있는 결과가 되어 다만 '그렇습니까' 하고 받아들었다.
문서에 대해 질문도 하지 않고, 인사하는 미소도 짓지 않았다. 그
뿐만 아니라 '거기 의자가 있습니다'라는 말조차도 하지 않고, 그를

우두커니 선 채로 있다가 이윽고 되돌아가게 해버렸다. 만일 구와바라 씨가 이때의 짧은 시간에 대해 기적적으로 기억을 갖고 있다면, 생각나는 것은 불유쾌한 기자가 거기에 있었다는 인상임에 틀림없다."

다행히도 그로부터 12~13년 후 만났을 때 구와바라 씨는 눈앞의 시바가 당시의 후쿠다 기자와 겹쳐지지 않았던 듯하고, 시바도 "모르는 체" 첫 대면 때의 일을 말하지 않았다.

왜 '문과계'를 취재하지 않았을까. 그 의문에 시바는 답하지 않았다. 아마도 역사라든가 문학이라든가 '문과계'에 속한 것들은 대학의 교수 등에게 배움을 받는 게 아니라, 자신이 동서 혼간지 등에서 그렇게 했던 것처럼 스스로 배우고 생각해야 할 것들이라고 여겼기 때문일지도 모른다.

교토대학에도 멋진 도서관이 있었고, 주변도 '역사'에 둘러싸여 있었다. 구로다니의 교묘지뿐만 아니다. 대학의 바로 동쪽에는 요시다 겐코吉田兼好(1283~1352?)와 관련된 요시다신사가 있었다. 요시다야마를 넘으면 헤이케平家 토벌의 음모가 벌어졌다고 전해지는 시시가타니鹿ヶ谷가 있고, 조금 북쪽의 기타시라카와는 히에이잔比叡山이나 구라마鞍馬의 입구이기도 했다. 거기에 있는 것만으로 저절로 역사를 배울 수 있었다.

학생운동은 의화단

　교토대학을 맡아 취재하던 시절 시바가 만나던 사람 중에는 좀 의외의 멤버가 있었다. 대학 내 『교토대학신문』(당시는 『학원신문』이라고 했다)의 학생기자들로, 그들은 신문 만드는 틈틈이 기자실에 드나들면서 '진짜' 기자들의 이야기 듣기를 즐겨 했다.

　그런 학생 중에 훗날 『산케이신문』에 입사해 오사카 본사 경제부장과 도쿄 본사 편집국 차장, 『오사카신문』 사장 등을 지낸 요시다 도키오吉田時雄(유통과학대학 나카우치기념관 관장)와 도쿄 본사의 사회부장과 산케이출판 사장 등을 역임한 가지우라 미키오梶浦幹生(고인) 등이 있었다. 여기 요시다가 당시를 회상한 글이 있다. 조금 길지만 인용한다.

　요시다가 처음 기자 후쿠다 데이이치와 만났을 때는 1949년 봄 교토대 법학부 2학년 때였다.


　"교토대에 재학한 3년간(구제) 일본은 굉장한 격랑의 시대였다. 일본 해체라는 점령정책이 일본의 경제 자립을 지원해 일본을 공산권 확산을 막는 방벽으로 삼자는 식으로 180도 전환해, 도지 라인(Dodge Line, 연합국군총사령부 점령기인 1949년 2월 일본 경제 자립과 안정을 위해 실시한 재정·금융 긴축정책. GHQ 경제고문인 조지프 도지가 입안해 이 이름이 붙었다.-역주) 아래 엄청난 불황, 인원 정리 바람, 노동쟁의, 시위가 소용돌이치고 있었다. GHQ의 공산당 배제 시책에도 불구하고 1949년 1월 총선거에서 공산당이 35석으로 대약진해 그 기세가 가을에는 혁명을 일으킬 정도였다. 게다가 조선동란(6·25전쟁-역주), 레드 퍼지Red Purge(GHQ 총사령관 더글러스 맥아더의 명령으로 공산당 지지자들을 공무원과 민간 기업에서 해고한 일-역주)가 이어지면서 지금은 상상할 수도 없는 좌우의 피투성이 충돌이 반복되고 있었다. 당연히 기자실도 예외는 아니었지만, 그런 격류에 초연한 기자가 있었다. 그가 바로 후쿠다 씨였다. 그런데도 '후쿠짱'이라는 애칭으로 불리며 모두와 친했다.

그 무렵 『학원신문』의 학생기자는 10여 명이었는데 후쿠다 씨의 이야기를 듣는 게 즐거움이었다. 시사 문제 이야기는 전혀 하지 않았다. 혼간지나 엔랴쿠지 延曆寺(연력사) 등 절과 불교 이야기, 중국 이야기, 인도 이야기…. 그 풍부한 지식에 압도되어 처음 듣는 '이야기'에 세차게 빠져들었다. 후쿠다 씨의 곁에는 시대의 광풍에 휩쓸리지 않는 봄바람의 세계가 언제나 있었다. 1년 위의 편집장 등과 함께 혼간지 이야기를 계속 듣기 위해 오사카의 후쿠다 씨 자택까지 쳐들어가 자기도 했을 정도다. 친절한 사람인 데다 박학하고 따뜻하고 태연하고 조급해하지 않는, 신문기자(이른바 사건 기자) 같지 않은 사람. ―당시 학생기자가 지금도 여전히 갖고 있는 후쿠다 씨에 대한 평이다."

요시다가 지금도 또렷하게 기억하는 것은 처음에 시바로부터 받은 명함이다. 거기에는 '담당 대학·종교'라고 적혀 있었다. 지금 와서 생각하면 아무 일도 아니고 있는 대로 쓴 것뿐이지만, 요시다가 말하는 당시에는 "좌파로 기우는 도도한 흐름 속에서 종교는 '반동' 그 자체"였기 때문이다. 요시다의 회상이다.

"그런 가운데 굳이 '종교'라고 명함에 새긴 것은 세상에 아첨하는 것을 거부하고 세속에 타협하지 않은 채 당당히 자기를 주장하는 시바 씨의 진면목이 있었다고 생각한다."

확실히 시바가 교토에서 지낸 쇼와 20년대는 정말 격동의 시대였다.

『신니혼신문』에 들어간 1946년(쇼와 21년) 6월은 아직 '고메요코세(쌀을 달라-역주) 데모'의 여운이 있었다. 산케이로 옮긴 1948년에는 도쿄재판에서 도조 히데키東條英機가 처형되었다. 1949년에는 미타카三鷹 사건(7월 15일 미타카역에서 일어난 열차 폭주 사건-역주)과 마쓰카와松川 사건(8월 17일 후쿠시마현 마쓰카와역과 가나야가와[金谷川]역 간 열차 운행 방해 사건-역주)으로 세상이 시끄러웠다. 1950년에는 조선전쟁이 발발해 그 여파로 경찰예비대가 발족했고 '레드 퍼지'도 있었다. 1951년에는 샌프란시스코 강화조약을 둘러싸고 여론이 갈려 공산당은 후에 '극좌 모험주의'로 비판받은 무장 노선을 달렸다.

그런 가운데 교토는 격동의 소용돌이 바깥에 있는 것처럼 보였지만, 좌익 학생운동과 노동운동은 어쩔 수 없이 밀어닥쳤다.

신문기자의 세계도 그런 풍조에 상당히 물들어 있었다. 그러나 그런 풍조에 전혀 아첨하지 않고 스스로 사상과 지식을 구축했던 것 또한 시바의 교토 시절의 큰 특징일 것이다.

스에쓰구 세쓰코도 "기자 중에서도 하룻밤에 좌익이 된 사람도 있었다. 시바 씨는 학생운동에 대해 '저건 의화단 같은 것이다'라면서 거의 상대하지 않는 듯했습니다…"라고 말했다.

의화단은 1900년 중국(청)에서 일어난 의화단 사변을 말한다. 청일전쟁에서 청이 일본에 패한 후 서구 열강이 청에 진출해 이권을 요구했다. 이에 대해 의화단이라는 종교단체가 '부청멸양扶淸滅洋(청 조정을 돕고 서양인을 박멸하자)'이라는 슬로건을 걸고 그리스도교 교회를 불태우면서 세력을 넓혀 결국 베이징까지 위협했다.

베이징에 있는 외교관들에게 위기가 닥치자 서양 각국은 이들 서양인을 보호하기 위해 일본에 군대 출동을 요청했고, 독자적으로 출병한 러시아와 일본의 군대가 의화단을 진압했다.

이에 따라 러시아는 그대로 대량의 군대를 만주에 남겼고, 청은 점점 열강이 마음대로 하는 나라가 되어갔다.

시바는 당시부터 이미 학생운동을 의화단처럼 나라와 점령군이 대학 지배를 강화하게 할 뿐인 것으로 본 것이다.


교토대 사건과 천황

그런 태도는 1951년 11월에 일어난 '교토대 사건' 때 나타났다.

쇼와 천황은 전국 순행의 일환으로 그해 11월 11일 교토에 들어왔다. 이튿날 12일 오후 1시 지나 교토대학 본부 건물 앞에 도착했다. 사건은 그 직후에 일어났다.

당시 신문 기사를 종합하면, 교내에 있던 학생 500~600명이 천황이 탄 차 부근으로 쇄도했다. 천황은 차에서 내려 바로 본부의 총장실로 들어가려고 했는데, 순간적으로 환영 인파라고 생각했는지 중절모를 흔들었다. 학생들은 그대로 '평화의 노래'를 소리 높여 부르면서 차를 포위했고, 천황이 총장실에서 각 학부 대표 교수로부터 연구 상황을 듣고 있는 사이 본부 건물을 막아서는 형국이 되었다.

학교 당국의 요청을 받은 교토 시경은 경찰관 800명을 출동시켜 현관 앞부터 정문까지 학생을 해산시키고 천황은 약 20분 늦게 출발했다. 이런 예기치 않은 사태에 대해 아마노 데이유天野貞祐 문부상은 '유감'의 뜻을 표명했고, 3일 후인 15일에는 학생자치회인 동학회에 해산 명령을 내리는 소동이 벌어졌다.

하지만 쇼와 천황의 출발이 늦어진 것은 반드시 그 사건 때문만은 아니었다.

당초 학문적 관심이 남달리 강한 천황이었기에 학부 대표 교수들의 설명에 자주 질문을 했기 때문으로, 소요에는 거의 신경 쓰지 않은 듯한 모습이었다고 당시 신문은 전하고 있다.

그 점에서는 시바도 같았던 듯하다. 함께 『산케이신문』 교토지국에 들어가 경찰과 노동 문제를 담당했던 오다케는 사건이 일어나자 바로 교토대에 달려가 취재했는데 "후쿠다 씨는 소요 쪽은 전혀 취재하는 모습이 아니었고, 얼마 안 있어 쇼와 천황이 나오자 그 뒤를 쫓는 듯이 뒤따라 나왔다"고 했다. 당시 후쿠다 기자로서는 학생들의 소동보다도 교수들의 이야기가 훨씬 관심이 있었을 것이다.

한편 요시다는 훗날 신문기자가 되려고 몇 차례나 신문사 입사 시험을 치르지만 엄격한 '사상 심사'로 번번이 떨어졌다. 그때 시바가 권유해『산케이신문』에 응시해 합격했다.

요시다가 아주 오랜 뒤에 그런 이야기를 하자 시바는 "아, 그때 말인가. 당신의 사상 신조에 '우(右)'라고 씌어 있었어"라고 웃으며 답했다. 요시다는 "오랫동안 줄곧 지녀왔던 수수께끼가 풀렸지요. 시바 씨로부터 직접 들었어요. '우'라는 한 글자가 없었으면 나의 오늘은 없었어요. 큰 은인입니다"라고 말했다.

어쨌든 교토에서의 7년간은 시바에게는 때를 기다리는 시기였다. 시바의 소설『올빼미의 성』을 영화로 만든 시노다 마사히로篠田正浩(1931~ )는 최근『석간 후지』에 기고한 글에서 이렇게 적었다.

"시바 료타로 씨는 신문기자 출신이다. 지금은 정치의 중심이 아니게 되었지만, 교토라는 천년의 문화와 전통을 이어온 도시에서 7년간 대학과 종교 관계 취재·연구를 전문으로 해왔다. 나는 그 당시 시바 씨의 준비 기간을, 겐로쿠元祿 시대(1688~1704년-역주) 무사 지배로부터 멀리 떨어진 도시에서 공경公卿 사무라이로서 중세문학을 자기 업으로 삼아 불세출의 연극 작가가 된 지카마쓰 몬자에몬近松門左衛門(1653~1725)의 무명 시대와 겹쳐 보았다."

후쿠이 대지진에서 뛰다

스스로 "사건 기자에서 잘렸다"며 종교와 대학을 담당했던 시바지만, 교토 시절에 사건·사고 취재를 위해 뛰어다니지 않았던 것은 아니다.

『산케이신문』 기자가 되어 아직 한 달도 지나지 않았을 때 엄밀히 말하면 '수습' 기간이었던 1948년 6월 28일 오후 4시가 지났을 때였다. 시바가 가라스마 부코지에 있는 교토지국에 들어가자 갑자기 지하에서 솟아오르는 것 같은 흔들림이 있었다. 후쿠이 지진이었다.

시바는 나중에 이 지진의 상황과 그에 얽힌 에피소드를 1961년 '한 사람의 시골 기자'라는 제목으로 『산케이신문』에 썼다.

"그 당시 나는 교토지국에 있었다. 날이 저물던 때부터 목조 건물인 지국이 무너지나 하고 생각할 정도로 격심한 지진이 있었고, 이윽고 진원지가 후쿠이 방면이라는 사실이 밝혀졌다. 이미 후쿠이시 주변의 통신은 두절된 상태였는데, 혹시 이 고을이 한 집도 남지 않고 괴멸된 게 아닌가 하는 억측도 일었다."

지진이 일어난 때는 정확히 오후 4시 13분 27초였다. 진원지는 후쿠이시 북방 구즈류가와九頭竜川 부근이었다. 매그니튜드(지진 규모) 7.3. 전쟁 피해 복구에 힘쓰던 후쿠이시 마을은 지진에 너무나 취약했다.

후쿠이를 덮친 대지진은 철근 건물 백화점을 붕괴시키는 등 후쿠이 시내에 큰 피해를 안겨주었다(1948년). 『산케이신문』 제공

"목조 가옥 붕괴가 잇따라 역전 큰길을 비롯해 90% 이상이 붕괴. 후쿠이 시민에게 친숙한 철근 콘크리트 7층 건물인 다이와 백화점은 중간층부터 굽어져 휘었다. 원형을 유지한 건물은 현청, 시청, 전화국, 국철 후쿠이역을 비롯해 약 1,000개를 넘지 않았다. 전화국은 붕괴를 면했지만 통화는 불능 상태가 되었다. 전봇대도 넘어졌다. 구즈류가와 철교 등 많은 교량이 강물에 떨어졌고, 제방이 침하되고 균열이 발생해 분출한 진흙이 논밭을 뒤덮었다." (고단샤 『쇼와 2만 일의 전 기록』에서)

그 외에도 퇴근하는 승객을 태운 국철 열차가 전복하고, 후쿠이시 번화가에 있는 영화관이 잇따라 무너지거나 불이 나면서 관객 수백 명이 압사하거나 불에 타 죽었다. 나중 집계에 따르면 지진에 따른 사망자는 3,895명, 붕괴 가옥은 3만5,420채, 소실 가옥은 3,691채에 이르렀다.

전후 혼란기에 아주 크게 보도되지는 않았지만 한신·아와지 대지진이 일어나기 전까지 틀림없이 전후 최대의 대지진이었다.

시바는 그날 밤 사이 취재에 나서라는 명을 받았다. 『산케이신문』은 후쿠이처럼 기자가 적은 기타리쿠北陸 지역에서 큰 사건·사고가 일어나면 근처에 비교적 큰 지국이 있는 교토에서 지원 취재를 하는 시스템이었다. 1973년 기타리쿠 터널 사고 때도 그랬다.

시바는 동료 한 사람과 함께 지국 자동차를 타고 후쿠이로 향했다. 지금은 비와코 서쪽을 통해 쓰루가敦賀로 빠지는 길이 정비되어 있지만, 당시는 아직 호수 동쪽의 히코네彦根나 나가하마長濱를 통해 가는 게 보통이었다.

가는 도중 먼 훗날에도 마음에 남은 어떤 일이 일어났다. '한 사람의 시골 기자'에 따르면 다음과 같은 일이었다.


"자동차가 비와코의 동쪽 호안을 따라 달리다 나가하마를 통과했을 때 갑자기 헤드라이트의 빛줄기 안으로 뛰어 들어온 노인이 있었다.

'산케이인가?'

그렇다고 하니 갑자기 신문지 꾸러미를 차 안으로 던져 넣더니 '가라' 하고 손을 흔들었다. 신문 꾸러미는 흐물흐물한 느낌으로 감촉이 좋지 않아서, 나는 쭈뼛쭈뼛하며 열어보았다.

'이게 뭔가?'

'우동 사리잖아.'

동행한 동료가 그렇게 말했다.

이 동료는 발송인이 나가하마의 이토 씨라는 것을 알고서 '재해 지역에 먹을 게 없잖아. 이것을 먹으며 취재하라는 게 아닌가' 하고 설명했다.

우리들은 우동 타래를 갖고 걸으며 재해 지역에서 종일 취재를 했다. 배가 고프면 그걸 먹었다. 국물도 다시도 없기 때문에 '세상에서 이 정도로 맛없는 게 있을까' 하고 발송인에게 험담을 하며 먹었다. 험담을 한 것은 이토 씨의 소박한 호의가 너무 가슴에 와 닿기 때문에 멋쩍음을 감추려한 것이었다."

이토 씨라는 분은 기자 생활의 태반을 『산케이신문』 나가하마 통신부에서 보낸 이토 스에조伊藤末造였다. 아마 지진 발생으로 스스로 지원하겠다고 희망했는지도 모른다. 그러나 "지원에는 교토지국 기자가 간다"고 들어 그렇다면 적어도 식사라도 지원해야지 하는 마음으로 자사의 사기를 단 자동차가 지나가는 것을 기다렸던 것이다. 전후 얼마 되지 않았을 때의 기자들이 가지고 있던 분위기나 마음가짐을 잘 알려준다.

## 잔해의 고을에서

지진 발생 이틀 후인 30일 『오사카신문』 석간(날짜는 7월 1일 자. 당시 조간이 『산케이신문』, 석간이 『오사카신문』이었다)의 1면 사이드에 '십수 초 사이에 괴멸, 영화관과 목욕탕의 80%'라는 3단 제목의 기사가 실렸다. 크레딧은 '30일 아침 후쿠이에서 사노·후쿠다 특파원 발發'이었다. 아마도 이것이 후쿠이에 들어가 처음 보낸 기사일 것이다.

지면이 적을 때였기에 3단 제목은 꽤 크게 취급한 것이었다. 또 국내 뉴스에서 '특파원'이라고 한 것은 당시로서도 흔하지 않은 일이었다.

후쿠다와 함께 이름을 잇따라 쓴 '사노'는 교토지국에서 함께 있었던 사노 쓰토무佐野勉이다. 앞서 나온 '동료'가 사노였다. 함께 산케이에 입사한 오다케 데루히코에 따르면 사노는 교토지국 시절 시바가 가장 친하게 지낸 기자였다. 시가현 히코네에서 교토로 통근했는데, 시바와 오다케는 쉬는 날 히코네에 있는 사노의 집에 간 적도 있었다.

오다케는 "시바 씨는 『가도를 간다』에 처음으로 오미지近江路를 등장시킨다. 최초로 역사적 흥미를 가진 것이 그쪽 지역이었는데 그것은 사노 군과 사귄 까닭 아닐까"라고 말한다.

시바와 사노는 아마도 대지진 취재를 통해 친해졌을 것이다.

아무튼 시바와 사노의 연명 기사는 이렇게 되어 있다.

"29일 이른 새벽, 교토부에서 급파된 위생구호선발대와 함께 교토, 오사카, 고베와 통신·교통이 두절된 재해지역에 가장 먼저 들어온 기자는 몇 분마다 덮쳐오는 여진의 위협을 받으면서, 아이를 찾고 부모를 찾는 아비규환의 마을에서 30일 아침을 맞았다. (생략)"

　실제로 누가 글을 썼는지는 알 수 없다. 그러나 이 정도 대지진이 일어난 고을에 들어간 것이니까 당연하다 하더라도, 신문기자로서의 '떨리는 흥분'이 전해지는 좋은 서두이다.

　그 뒤에는 가장 많은 피해자를 낸 영화관 등의 붕괴 모습을 전하고, 다시 시市의 건축 전문가에 따르면 전후 신축한 건물 대부분이 "부실 공사"를 했고, "부흥 건축의 부실을 드러냈다"고 쓰고 있다.

　이 부흥 건축의 부실은 이후에도 때마다 지적되는데, 실질적으로 하루 만에 이만큼 취재한 것은 상당히 노력을 기울인 것이다.

　취재 도중『산케이신문』오사카 본사 사회부에서 나가타 데루미 永田照海(1922~1999)가 열차와 구조 트럭을 번갈아 타고 왔다.

　시바보다 한 살 위인 나가타는 1946년『산케이신문』에 입사했다.

　당시 가장 사회적 관심을 일으킨 마이즈루舞鶴항으로 중국에서 오는 귀국선 문제 등을 취재했다. 빠릿빠릿한 사회부 기자였다.

　나중에 시바가 문화부장일 때 사회부장으로 일했고, 훗날 오사카 본사 편집국장과 부사장,『오사카신문』사장 등을 지내고『석간 후지』창간에도 간여했다.『오사카 명작의 샘』등 저서도 많이 있다. 1999년 세상을 떠났다. 말하자면『산케이신문』이 낳은 대표적 저널리스트의 한 사람이다.

나가타와 시바가 만난 곳은 후쿠이시 지진 잔해 가운데에서였다. 나가타는 『시바 료타로 전집 월보 38』(문예춘추)에 나오는 '신문기자 후쿠다 데이이치'에서 이렇게 회고한다.

"그래서 마을에 들어갔지만 너무나 참혹한 상황에 어디서부터 손을 써야 좋을지 몰라서 허둥지둥하고 있는데 맞은편에서 회사 완장을 찬 청년이 다가왔다. '본사에서 오셨습니까? 저는 교토지국의 후쿠다입니다'라고 상냥하게 웃는 얼굴로 예의도 바르게 이름을 말하고 '모두 같은 일을 하면 소용이 없습니다. 당신은 현청으로 가서 전체 피해를 쓰고, 나는 마을을 다니면서 마을에서 벌어진 일을 모으겠습니다. 합류할 곳은 다케후시武生의 우편국, 거기는 남아 있으니까요' 하고 척척 분담할 일을 정하고 우리는 헤어졌다. '지국 사람치고는 아주 훌륭한 사내구나' 하고 감탄했다."

시바는 이때의 일을 조금 다르게 기억하고 있는 것 같다. 오사카 본사로 옮겨 나가타와 친해졌기 때문일까. "'당신은 지방판을 써라. 나는 사회부니까 본판을 쓸 테니'라고 나가타라는 녀석이 본사 티를 냈잖아"라고 말하고 다녔다.

나가타는 "시바 씨의 일류 유머인데, 당시 젊은이들은 처음 대면할 때 대체로 '저 녀석은 뭐하는 놈이야' 하고 서로 노려보고 탐지하는 것에서 일을 시작하지. 어느 정도는 시바 씨가 말한 분위기였는지도 몰라. 지금 생각하면 부끄러운 일이야'라고 말했다.

훗날의 대작가와 명저널리스트가 젊은 날에 '저 녀석은 뭐하는 놈이야' 하고 상대를 떠보고 서로 견제하면서 폐허 속에서 일했다는 것은 상상만으로도 즐거운 이야기이다.

어쨌든 며칠간에 걸쳐 돌아다니던 취재는 일단락되었고, 취재진은 각각 교토와 오사카로 돌아가게 되었다. 그때 시바가 나가타에게 이런 제안을 했다.

"교토대에 사사 겐조라는 지진학 박사가 있어요. 이 사람이라면 후쿠이 지진의 과학적 분석을 들을 수 있을 거예요. '빠른 부흥의 망치 소리' 같은 뻔한 기사는 그만 써야지."

훌륭한 제안이라고 여겨 나가타는 시바와 함께 교토에서 내려 교토대 사사 연구실을 방문해 100행 정도 되는 기사를 정리해 올렸다. 후쿠이를 떠날 때 '이것이라고 할 만한 기사를 보내지 못해 밝은 마음으로 돌아가지는 못했다'고 한 나가타는 "이것은 상당한 성과였기에 겨우 면목을 세운 셈이었다. 혹시 몰라서 산케이 본사 자료실에서 조사해보니 나가타, 후쿠다 기자의 이름이 제대로 들어간 그 기사와 재회할 수 있었다"고 기쁜 듯이 '신문기자 후쿠다 데이이치'에 쓰고 있다.

## 킨카쿠지 화재, 방화 동기를 취재하다

또 하나, 시바가 교토 시절에 만났던 대사건이 킨카쿠지金閣寺(금각사) 방화 화재 사건이다.

1950년 7월 2일 새벽, 정확히 말하면 오전 3시 6분쯤 통칭 킨카쿠지라고 부르는 교토시 가미교上京구 로쿠온지鹿苑寺(녹원사) 내에 있는 3층 건물 금각金閣에서 불이 나 눈 깜짝할 사이에 550년 역사를 가진 국보인 금각을 비롯해 안에 있던 아시카가 요시미쓰足利義満 (1358~1408)의 초상, 운케이運慶(?~1223)의 작품인 삼불상 등 국보와 중요 미술품이 재로 변했다.

이 절에 사는 수행승이 저지른 방화였다. 전년인 1949년 1월 26일에는 나라奈良의 호류지法隆寺(법륭사) 금당이 누전으로 불에 타 국보인 벽화 등이 소실된 바 있었는데 일본인으로서 잇단 충격이었다.

일요일 새벽이었다. 『산케이신문』 교토지국에서는 마침 시바가 숙직이어서 오래된 목조 건물인 지국 2층에서 잠을 잤다.

신문사의 대부분 지국에는 사건을 대비하는 '도마리(야근-역주)' 즉 숙직이 있었다. 특히 시내 문화재에서 화재가 일어나면 큰 뉴스가 되는 교토지국에서 '도마리'는 중요한 일이었다.

『산케이신문』 교토지국의 후배인 가쿠타 요시오角田吉夫에 따르면 당시 '도마리'는 일주일에 한 번 정도였다. 한 번 야근에 300엔의 수당이 나왔지만 '도마리'가 싫어서 이를 '파는' 사람도 있었다. 경제 담당 선배 등은 300엔에 저녁밥을 더해 젊은 기자에게 대신하라고 하여 한 번도 야근을 하지 않은 사람도 있었다.

불에 탄 금각. 시바 료타로는 당직 근무를 하다 현장에 달려가 취재했다.

그러나 시바는 집이 오사카로 멀기 때문이기도 했는지 성실하게 '도마리'를 했다 한다.

요란스러운 소방차 사이렌 소리에 벌떡 일어나 킨카쿠지에 불이 났다는 걸 알게 된 시바는 바로 경찰 담당이었던 동료 오다케 데루히코 등에게 연락하고 자신도 현장으로 달려갔다. 그렇게 한 것은 『산케이신문』이 지면을 만드는 데 행운이었다.

당시 금각에는 전등도 설치되어 있지 않았고, 불이라고는 쓰이지 않았기 때문에 바로 방화라는 걸 알았다. 교토 시경은 화재 발생 직후 모습을 감춘 H라는 스물한 살의 수행승을 방화 용의자로 지명수배를 하고 같은 날 밤 7시 넘어 킨카쿠지 뒤편 히다리다이몬지야마左大文字山 중턱에서 음독 자살을 시도하던 H를 체포했다(H는 후에 징역 7년 실형을 판결받았고 1956년 3월 병사했다).

그러나 취조에서 "지금은 괴롭기 때문에 좀 안정이 되면 자세한 사정을 말하겠다"고 할 뿐으로 자세한 사정을 알 수 없었다. 취재진이 어려움을 겪고 있을 때 시바가 솔깃한 이야기를 갖고 왔다. "범인은 종문宗門에 대해 불만을 갖고 있는 것 같다"는 말이었다.

시바는 종교 담당인 '데라 마와리(사찰 돌기-역주)'로서 화재 사건 취재와는 별도로 직접 로쿠온지 주지실에 들어가 내부에서 취재를 시도했다. 주지실 칠판에 범인이 적은 것으로 보이는 '또 태울 거야'라는 글을 찾았다. 시바는 '절의 주지인 무라카미 지카이村上慈海와 사이에 뭔가 있구나'라고 직감하고 전부터 절친했던 무라카미 주지에게서 이야기를 듣는 데 성공했다.

그리고 '무라카미 주지의 말'이라고 7월 3일 『산케이신문』 조간에 실은 것이 다음 기사이다.

"호류지 전례도 있고 정말 뭐라 드릴 말씀이 없다. 오후 6시에 문을 잠그고 9시에 순찰을 돌았다. 그 뒤 밤에는 경계를 하지 못했다. 방화범 H(원문은 실명을 기재)는 말이 없고 고독한 성격으로 최근 학교를 자주 빠지기에 두어 차례 주의를 주었더니 갑자기 퇴학하겠다며 나갔다. 평소 사상적인 면에서 종문宗門에 대한 불만이 있었던 것 같다."

덕분에 다른 신문은 3일 조간 단계에서는 동기라고 할 것을 보도하지 못한 가운데 『산케이신문』만 '종문에 불만을 가진 제자가 방화'라고 한 발 앞선 메인 제목을 달 수 있었다.

그러나 이 사건에서 생각하지도 못한 부록도 있었다. 오다케가 『저널리스트신문』에 연재한 「시바 료씨의 청춘보」에 쓴 것을 인용한다.

"아침밥도 못 먹고 뛰쳐나와 배고픈 취재진은 점심이 되어 지국에서 올 도시락을 기다렸지만 전혀 소식이 없었다. '맡겨 둬' 하고 시바 씨가 인근 기누가사衣笠여관(자민당 부총재 오노 반보쿠가 방에서 체포되어 유명해진 고급 요리집)에 주문해 타사도 부러워한 2단짜리 호화 도시락이 왔다. 맛있게 배불리 먹은 것까진 좋았는데 지국에 돌아가 지국장에게 영수증을 내자 각자 부담이라고 해 전원이 화가 났다. '마음대로 해라' 하고 모두 집으로 돌아가버렸다.

그날 밤 범인의 모친이 국철 산인山陰선 열차에서 호즈쿄保津峽로 투신 자살했다. 다음 날 아침 타사 사회면 톱기사를 산케이만 낙종. 시바 씨의 '도시락 소동'으로 이야깃거리가 되었다."

일반 기업에서는 생각할 수도 없는 이야기이지만, 지금처럼 기자가 샐러리맨이 되지 않고 개인 사업주의 모임 같았던 시절의 신문사에서는 그렇게 드문 이야기는 아니었다.

# 늘그막의 사랑

'늘그막의 사랑'이라는 사건도 있었다.

1948년 11월 30일 스미토모 본사 총이사를 지낸 경제인으로 가인歌人(와카 작가-역주)으로 알려진 가와타 준川田順(1882~1966)이 교토시 사쿄左京구 기타시라카와北白川 자택에서 사라졌다.

당시 68세였는데, 요시이 이사무吉井勇(1886~1960), 다니자키 준이치로谷崎潤一郎(1886~1965), 신무라 이즈루新村出(1876~1967) 등 친구들에게 유서 같은 문서와 와카 원고 등을 우송했다. 게다가 와카 제자인 40세의 전 대학교수 부인과 동행했다고 하여 '동반 자살 아닌가' 하는 소동이 일었다.

가와타는 10년 전 아내와 사별했는데 3년 전쯤부터 그 여성과 연애하는 사이가 되었다. 이른바 불륜이었다. 여성은 반년 전쯤 대학교수와 이혼했고, 주위에서 정식으로 결혼할 것을 권했지만 시대가 시대이니만큼 그런 관계가 된 것을 고민했다고 한다.

결국 가와타와 여성은 자택에서 가까운 사쿄구 신뇨도眞如堂에 있다 가족들에게 들켜 돌아왔다. 얼마 지나지 않아 미디어 각사가 이를 알게 되었고, 4일 후 각 신문에 크게 보도되었다.

특히 가와타가 전에 쓴 '사랑의 짐'이라는 시에 "무덤에 가까운 늘그막의 사랑은 두려워 아무것도 하지 못하고"라는 구절이 있어 '늘그막의 사랑'이란 제목이 되어 금세 유행어가 되었다. 지금도 고령자의 연애가 화제가 되면 이 말을 쓸 정도다.

각 신문사에서 이 사건을 담당했던 것은 대학 담당 등 문화 담당

기자였다. 산케이는 당연히 시바였다.

시바는 나중에 「자전적 단장 집성」에서 다음과 같이 쓰고 있다.


"가와타 준 씨의 연애 사건은 친구인 『아사히신문』 기자가 특종을 했습니다. 얼마 후에 가와타 씨가 있는 곳으로 갔습니다. 최근의 와카는 없습니까 하고 물으니 몇 수 쓴 것을 주었습니다. 그중에 예의 '늘그막의…'가 있었습니다. 그것을 기사로 썼더니 금세 '늘그막의 사랑'이 유행어가 되었습니다."


그러나 이것은 아무래도 시바의 기억에 잘못이 있는 듯하다. 사건 자체는 빠뜨리지 않았고 '늘그막의 사랑'이라는 말도 각사에서 일제히 쓴 것으로 보이기 때문이다.

같은 대학 취재기자로 시바의 아내인 후쿠다 미도리가 "'저 사람에게 자주 당했다'라고 했지요"라고 했던 민완 여성기자 스에쓰구 세쓰코도 "그 사건은 모두 함께 다뤘다고 기억한다"고 말한다.

다만 어쩌면 '무덤에 가까운…'이라는 시를 가장 먼저 발견한 것은 시바이며, 이를 각사에 알려주었다고 생각할 수 있기에 시바가 '늘그막의 사랑'이란 이름을 지은 사람이라는 것은 변하지 않을지도 모른다.

참고로 가와타와 여성은 이 사건이 벌어진 후 정식으로 결혼해 행복한 가정을 이뤘다.

시바가 교토에서 보낸 기자 생활은 1952년 7월 오사카 본사로 이동하면서 끝났다. 오사카의『신세카이신문』입사 이래 고락을 함께 했던 오다케 데루히코와 처음으로 헤어지게 되자 "한발 앞서 본사로 가지만 오사카에 오도록 공작할 테니까"라고 말을 남겼다고 한다.

오다케는 그 후 산케이 노조 서기국의 전임으로 도쿄에 가서 나중에 노조위원장을 하게 되는데, 오다케에게 노조 전임을 하라고 권한 것도 실은 시바였다.

당시 산케이 노조는 좌우 대립이 심했고, 특히 도쿄에서는 투쟁 지상주의인 좌파가 잡고 있었다. 오사카에서 집행위원으로 있던 시바는 "노사가 결속해 외적에 대항하지 않으면 산케이의 내일은 없다"고 생각하여 두목 기질의 오다케에게 "너, 노조 서기장 하지 않을래" 하고 말을 꺼냈다. 오다케는 "아마도 쓰치하시(시바와 오다케의 입사를 약속했던 전 오사카 본사 편집국장) 씨가 부추긴 것인지도 모른다"며 웃었다.

묘한 인연에 매인 것일까, 1996년 시바가 세상을 떠났을 때 오다케도 병상에 누웠다. 다행히 오다케는 곧 회복하여 지금도 건강하게 활동하고 있다. 오다케는 맹우盟友인 시바의 6년간 교토 시대를 회고하며 이렇게 말했다.

"니시혼간지 비운각이나 히가시혼간지의 본당, 난젠지南禪寺(남선사) 본당 등에서 뒹굴며 매미 소리를 들으면서 여러 가지 생각하고 구상했던 것이었겠지요. 작가가 되어서는 '높은 빌딩에서 마을 전체를 바라보며 저기에서 전투가 있었구나, 저기에서 누구와 누구가 만났구나 하며 역사를 바라보는 것이 자신의 소설 창작의 방법이다'라고 말했으니까요. 그런 의미에서 교토 시대는 가장 내실을 채우던 때가 아닐까."

제 4 장

문화부

데스크에서

이동

　오사카역에서 남서쪽으로 200m쯤, 아직 시 전차가 달리던 사쿠라바시櫻橋 교차로 인근에『산교게이자이신문』의 오사카 본사인 산케이빌딩이 완성된 때는 1952년 7월이었다. 이전 본사는 공습으로 타서 그때까지 자매지인『오사카신문』사옥에 세 들어 있었다.

　지금이야 빌딩 숲 사이에 묻혀버렸지만, 9층 건물의 흰색 빌딩은 단연 눈에 띄는 존재였다. 여하튼 오사카 중심부는 공습으로 불에 타 허허벌판이 되었고, 오사카역 앞에도 아직 그 정도 큰 건물이 없을 때였다. 시민에게는 전후 부흥의 상징으로 보였을 것이다. 소학교와 중학교 단체를 비롯해 견학자가 끊임없이 이어졌다고 한다.

　새 본사 빌딩은 내부도 새로웠다. 신문사는 전쟁 전부터 연락용으로 전서구傳書鳩(통신용 비둘기-역주)를 썼는데 옥상에 비둘기집이 있는 게 보통이었다. '더 이상 비둘기의 시대가 아니다'라 하여 비둘기집을 놓지 않고 대신 무선탑을 세웠다.

　준공에 맞춰 인사이동이 있었다. "교토에 후쿠다라는 문장 좋은 기자가 있다"고 시바를 눈여겨봤기에 처음으로 본사 근무를 하게 되었다. 다만 사령을 받은 부서는 지방부였다. 서일본 각지의 지국에서 보내오는 원고를 받아 30종류나 되는 지방판을 만드는, 화려하지 않은 내근 부서였다. 시바에게는 자신의 뜻과 다른 이동이었을 것이다.

　그건 그렇고 본사 빌딩을 세울 정도였으니 당시『산교게이자이신문』은 위세가 있었다.

사장인 마에다 히사키치前田久吉(1893~1986)는 '신문업계의 풍운 아'로 알려져 있다. 친척이 경영하던 신문 판매점을 인수하면서 업계에 들어온 마에다는 1920년『미나미오사카신문』을 창간하고, 후에『석간 오사카신문』으로 제호를 바꿔 석간 전문지로서 기반을 쌓았다. 나아가 전쟁 기간 중 신문 통제에 맞춰 오사카부 내에 있던 50여 개 군소 신문을 통합하고『오사카신문』을 더하여『산교게이자이신문』을 창간하고 저널리즘 수난 시대에 오히려 경영 기반을 확대했다. 후쿠자와 유키치福澤諭吉(1835~1901)가 창간했던 유서 깊은『지지신보』도 흡수·합병했다.

전후에 한때 공직에서 추방되었다가 1950년『산교게이자이신문』,『오사카신문』두 회사의 사장으로 복귀했다. 그리고 1950년 3월 오사카에서 태어난 신문으로서는 아사히, 마이니치를 이어 도쿄에서 인쇄를 시작해 염원이었던 전국지로서 존재를 나타냈다.

바로 그 무렵 전쟁 전부터 오사카 진출을 계획하고 있던『요미우리신문』이 산케이와는 반대로 오사카에서 신문 발행을 시작했다. 시작은 조간 인쇄만이었는데 조·석간 세트를 발행하는 아사히, 마이니치보다 값이 싸다는 점을 자랑으로 내세워 부수를 계속 늘려 오사카의 신문업계는 격심한 판매 경쟁 시대에 돌입했다.

아이디어맨이었던 마에다는 지혜로 대항했다. GHQ의 신문용지 통제가 철폐되었다고는 해도 아직 물자 부족이 계속되어 신문도 얄팍했는데,『산교게이자이신문』은 귀중한 지면에서 한 페이지를 떼어 부인면(여성면-역주)을 만들었다.

오사카 사쿠라바시櫻橋에 완성된 오사카 산케이빌딩(1952년 7월). 『산케이신문』 제공.

마에다는 "신문은 부엌에서 팔아라!"라고 호령했다. 신문은 한 집안의 가장인 남자가 읽는 것이라는 고정 관념을 버리고 여성을 타깃으로 한 마에다의 발안이었다.

신문업계에서 혁명적인 시도였던 부인면은 대히트를 쳤다. 마에다는 편집국 출신이 아니었기에 오히려 시대의 공기를 감지하는 자유로운 발상을 할 수 있었을지도 모른다. 장래에 다가올 '전파電波의 시대'를 내다보고 1958년 도쿄타워를 세운 이도 마에다였다. 도쿄타워의 모델은 오사카의 심볼인 쓰텐카쿠通天閣였다고 한다.

이처럼 마에다의 타사보다 앞서는, 또는 타사와는 다른 신문을 만들자는 정신은 지금도『산케이신문』에 이어지고 있다.

시바 료타로의 애제자로 자타가 공인하는 미우라 히로시三浦浩
(1930~1998)가 스승을 그리워하며 쓴『유채꽃의 노래 : 소설 청춘의
시바 씨』에『산케이신문』입사 직후 미우라에게 시바가 회사의 내
력을 들려주는 장면이 나온다.


"산케이 도쿄 본사는 적자인 것 같네요."

"그건 어쩔 수 없지. 아사히도 마이니치도 그렇게 오사카에서 진
출해 전국지가 되었으니까."

"요미우리만 도쿄에서 오사카로 나온 거네요."

(중략)

사실 요미우리가 오사카로 진출해 그 영향을 정면으로 받은 것은
여러 의미에서 산케이일지 몰랐다.

"어쨌든 산케이는『지지신보』라는 원군도 있으니까"라고 후쿠다
씨가 화제를 돌렸다.

"산케이가『지지신보』를, 말하자면 복간해서 자매지로 삼은 까닭
이야. 머지않아 산케이와 합병할 것이라고 생각해.『지지신보』야말
로 '오오신분(큰 신문-역주)'이야."

나는 '오오신분'이 이해되지 않았다. 지금까지 '다이신분(큰 신문-역
주)'이라고만 알았던 것이다.

"오오신분도 모르나?"

후쿠다 씨는 즐거운 듯한 얼굴을 하고, 오오신분이야말로 퀄리티

페이퍼라고 했다.

아사히도 마이니치도 요미우리도 그 의미에서는 작은 신문이며, 하지만 작은 신문인 까닭에 발행부수를 늘릴 수 있었고, 현재의 번영을 이룬 것이다,라고 덧붙였다.

"뭐, 산케이는 이제부터야."


## 한 마리 작은 벌레

신입 기자를 향해 경영자처럼 회사의 역사와 신문 경영을 강의했던 시바였지만, 지방부에 발령받은 당초는 자신이 "차고에 들어간 자동차가 된 듯한" 생각을 품었다. 회사에 나가보니 동료는 모두 자신보다 선배로 하루 내내 책상에 붙어서 서일본의 각 지국에서 보내오는 방대한 원고의 산에 한 자 한 자 붉은 글자로 교정을 본다. 지국과 연락하는 것 외에는 대화도 거의 없다. 그 모습을, 대단히 실례가 되는 말씀이지만, "죄수의 그것과 닮았다"고 느꼈다 한다.

단조로운 일을 반복하기만 하는 나날을 보내면서 시바는 옆에 앉은 노老데스크에게 흥미를 가졌다. 기자 경력 30년이 된다는 다카자와 고조高沢光蔵였다.

앞서『신세카이신문』에 있을 때 만난 노편집기자 마쓰요시 준노스케를 소개했는데, 마쓰요시와 다카자와는『명언수필 샐러리맨』에 '두 늙은 샐러리맨'이라는 제목으로 나온다. 젊은 날의 시바가 강렬한 인상을 받은 기자라는 점에서는 쌍벽이었다.

다카자와에게 마음이 끌린 것은 기억 속에 있는 한 얼굴을 떠올렸기 때문이다.

전쟁 중 몽골에서 트럭이 고장 났다. 수리에 착수했지만 어딘가 부품이 파손된 듯하여 쉽게 고치지 못했다. 언제 적병이 나타날지 알 수 없다. 그 이상으로 한없이 넓게 펼쳐진 초원의 광대함이 전율을 느끼게 했다.

그때 지평선 저편에서 한 무리의 대상隊商이 보였다. 쌍안경으로 보니 천천히 이쪽을 향해 오는 듯했다. 아득히 먼 톈산남로를 넘어가는 것이다.

한 시간쯤 걸려 겨우 트럭의 부품 갈기를 마쳤을 때 대상은 시바 무리의 옆을 지나가고 있었다. 대장인 듯한 맨 앞 남자의 얼굴을 보고 시바는 넋을 잃었다. 낙타를 타고 하늘을 바라보듯 약간 위를 향하고 유유히 낙타의 흔들림에 몸을 맡기고 있었다. 광대뼈가 나오고 깊은 주름이 얼굴 전체에 새겨진 검은 피부의 얼굴은 오랜 풍상이 만든 자연의 조형 그 자체였다.

다카자와도 쉽게 감정이 얼굴에 드러나지 않는 풍모였다.

다카자와는 자신의 경력 중에서 일선 취재기자였던 때는 처음 2년 정도밖에 없다. 나중엔 교열, 조사, 편집 등 신문 제작에 숨어 있는 사람이라고 할 역할을 담당해왔다. 그리고 정년 후에 촉탁으로서 직장에 남았다.

숨어 있는 사람에게는 그 나름의 이유가 있었다. 최초 2년간으로 자신이 취재 부문의 기자로는 어울리지 않는다고 깨달았다 한다.

"한마디로 말하면 신문기자는 승부사다. 젊을 때 와세다대학을 다녔지만, 왜 모두들 소케이센早慶戰(와세다대와 게이오대의 스포츠 대항전-역주)에 그렇게 열광하는지 알 수 없었다. 말하자면 '승부 음치'인데, 이런 남자가 신문기자를 잘할 리 없다."

정년을 앞두고 회사는 그를 교열부장으로 승진시키려고 했다. 오랜 기간 묵묵히 자신의 자리에서 일한 데 대한 보은 인사라고 할 수 있었다. 그런데 다카자와는 고사했다. 그 이유는 "만년의 절개를 더럽힌다"는 것이었다. "나 자신의 속도를 깨닫고, 무너지거나 미혹되지 않고, 일생을 지킨다." 그렇게 결심하고 살아왔는데 회사 근무의 마지막에 와서 인생관을 굽히는 일은 할 수 없다는 것이었다.

어느 날, 시바가 출근하니 언제나 누구보다 일찍 오는 다카자와의 모습이 보이지 않았다. 지방부 여자 서무에게 물어보니 "그만두게 되셨습니다"라고 했다. 놀랐다. 경영 합리화를 위해 촉탁 사원을 해고할 것이라는 소문이 들렸지만, 그래도 30년 이상 근무한 대베테랑이었다. 퇴사한다면 당연히 송별회가 열릴 것이고, 짧은 기간이더라도 동료들과 자리를 함께했으니 전별과 이별의 말 한마디 정도는 드려야 할 것이라고 생각했기 때문이다.

그런데 "그런 것은 일절 사양한다고 말씀하셨습니다. 어차피 앞서 한번 퇴사했었는데 번거롭기도 하니 잘 말씀드려줘,라고 했습니다" 하였다.

시바는 최후의 막까지 자신다운 삶의 방식을 무너뜨리지 않은 다카자와의 멋진 퇴장에 말을 잃었다.

"여기에 한 마리 작은 벌레가 있다. 이것을 문질러 누른다고 해서 누구도 알지 못하고, 세상 어디에도 어떤 작은 파문도 일어나지 않는다. 그런 작은 벌레로 있는 것이 내 인생의 이상이다.'

이렇게 그가 중얼거리던 것을 나는 기억한다. 그는 그 이상처럼 한 마리 작은 벌레와 같이 사라졌던 것이다." (『명언수필 샐러리맨』)


지금까지 소개한 것처럼 시바 료타로는 『신세카이신문』에서 만난 노편집기자 마쓰요시 준노스케, 『산케이신문』 나가하마 통신부의 이토 스에조, 그리고 다카자와 고조 세 사람에게 기자로서 각별한 생각이 있었던 듯하다.

세 사람은 화려한 특종 기자도, 명문장가도 아니다. 더구나 샐러리맨으로서 출세와 영달을 이룬 것도 아니다. 하지만 그 모습은 한 가지 줄기로 이어진다. 빛나지 않는 존재이지만, 보는 눈이 있는 사람이 본다면, 선명하고 강렬한 광채를 내뿜는다.

시바 료타로의 인물 관찰은 예리하다. 훗날 역사소설의 등장인물 묘사도 그렇다.

시바는 결코 역사상의 영웅만 골라 올린 것이 아니다. 오히려 시바가 조명한 까닭에 그 인물이 빛을 냈다고 말할 수 있는 게 아닐까.

사카모토 료마坂本龍馬(1838~1867)도 시바가 『료마가 간다』를 세상에 내놓기 전까지는 수많은 유신의 영웅, 영걸 사이에서 특별히 주목받았던 존재는 아니었다.

덴노잔天王山

윤전기 앞에서 막 인쇄된 신문을 펼치는 시바의 사진이 있다. 1960년 나오키상을 받은 직후의 사진이다. 와이셔츠 소매를 접어 올린, 누가 봐도 신문기자 같은 모습이다.

쇼와 50년대(1975~1984년-역주) 말까지 신문사는 아직 잉크 냄새가 나는 직장이었다.

교정쇄에 고칠 내용을 적어 공장으로 달려간다. 그 교정쇄를 낚아채듯 건네받아 신문 조판공이 재빨리 핀셋으로 활자를 골라내 기사를 앉힌다. 납으로 만든 활자는 글자가 거꾸로 새겨져 있지만, 오랜 세월 경험으로 잘못 읽는 경우는 없다. 그런 직인職人의 예술을 감탄하면서 보고 있자면 "멍하니 서 있으면 방해되잖아" 하고 성난 소리를 질렀다. "어서 정정해주세요"라고 호기롭게 말하면 "그럼, 네가 해라" 하고 핀셋을 집어던지기도 했다. 거기에는 긴장과, 활기와, 코를 찌르는 잉크 냄새가 충만했다.

컴퓨터가 직인을 대체한 지 벌써 15년 정도 지났다(이 책은 2000년에 초판 발행-역주). 편집국도, 신문을 조판하는 공장도 공기 조절이 좋은 청결한 공간이 되었다. 이제 교정쇄의 덜 마른 잉크 때문에 손을 더럽힐 일은 없다. 예전 아날로그 시대에 대한 그리움을 기억하는 것은 우리도 아직 옛날 신문인新聞人이기 때문일까.

시바는 지방부에 10개월 정도 있다가 이동이 되어 다시 취재 부서에 복귀했다. 그러나 이번에도 내심 희망했던 사회부가 아니라

110

윤전기 앞에서 막 인쇄된 신문을 읽는 시바 료타로. 나오키상을 수상한 직후에
촬영했다. (1960년)

문화부였다.

"문화부로 발령을 받았네요. 미술 비평을 쓰게 되었는데, 그게 싫
었어요. 무엇 때문에 신문기자가 되었는가 하면, 불이 났을 때 달
려가기 위해서였는데, 몰락한 기분이었지요." (『자전적 단장 집성』)

자신의 술회지만, 과연 진짜 그러했던 것일까. 문화부로의 이동
이 그럴 정도로 본의가 아닌 일이었을까. 일하는 모습을 보자면 미
술 담당이 싫었다 하더라도 낙담했다고 할 수는 없는 게 아닐까.

여하튼 당시는 단연 사회부가 선망의 대상이었다. 편집국 안에서도 사회부가 중심의 가장 넓은 공간을 차지하고, 마감 시간이 되면 원고를 재촉하는 전화나 편집부에 제목을 주문하는 성난 소리가 어지러이 날아다녔다.

저녁때가 되면 사건 담당 기자들이 회사로 돌아오는데, 호기로운 모습으로 웃옷이나 코트를 어깨에 턱 걸치고, 단독 기사를 쓴 기자는 정말 어깨로 바람을 가르는 듯한 모습이었다.

밤에는 밤대로 함께 한잔하러 나간 기자가 돌아와서 집에 갈 기회를 놓친 듯이 소파에 드러누워 있다. 그때 사건의 1보가 들어오면 취기가 깨지 않은 불쾌한 얼굴인 채로 뛰어나간다. 어느 때는 창 밖에서 구급차가 달리고 있었다. 뭐지, 하면서 자동차로 뒤를 쫓으니 살인사건 현장이었고, 아직 경찰도 도착하지 않았다. 흉기인 식칼을 쥐고 있는 범인을 '독점 인터뷰'한 기자는 편집국장상으로 빛났다.

그런 전설이나 무용담이 그곳에 여기저기 뒹굴고 있었다.

그에 비하면 문화부는 조용한 곳이었다. 각각 전문 영역이 있어 다른 사람은 말참견하기가 어려웠다. 취재로 외부를 돌아다니고 회사에는 거의 얼굴을 내밀지 않는 기자도 많았다. 어쩌다 서로 얼굴을 보아도 의논이 들끓거나 하는 일 없이 원고 쓰기를 마친 기자는 혼자서 어디론가 사라져버린다.

지금은 그런 일이 없어졌지만, 오사카의 신문사에서 예전에는 고베지국 출신은 사회부로, 교토지국 출신은 문화부로 간다는 인사

이동의 룰이 있다는 그럴 듯한 소문이 돌고 있었다. 사건은 고베, 문화는 교토라는 이미지가 있어 고베에서 신입 시절을 보낸 기자는 엉덩이가 가벼워 사건을 쫓는 데 날렵하게 움직인다고 했다. 그에 비하면 교토에서는 차분히 엉덩이를 붙이고 앉아 취재하는 일이 많다.

교토지국에서 종교와 대학의 기자실을 담당했던 시바 등은 좋든 싫든 관계없이 모두 문화부로 이동하는 게 정해져 있었을지 모른다.

다만 문화부 시절의 시바는 사회부 기자들도 우러러보는 존재였던 것 같다. 이런 에피소드가 있다.

나중에 『산케이신문』에 『료마가 간다』를 연재했을 때 문화부 담당으로서 매일 원고를 가지러 온 구보우치 다카오키窪内隆起는 1955년 입사로 수습을 마친 후 먼저 사회부에 배속되었다.

어떤 사건이었는지 구보우치도 기억하지 못하지만, 데스크가 "덴노잔天王山에 대해 15행 해설 기사를 써라"고 했다. 자료를 찾으러 조사부에 가려고 했던 구보우치를 "어디로 가냐"고 제지한 데스크는 "조사부에 갈 필요 없어. 저 아저씨한테 물어봐. 그게 더 빨라"라고 문화부 쪽을 가리키며 말했다.

"어느 분 말입니까?"

"문화부 후쿠다 씨야. 그런 건 다 알고 있으니까. 저 사람한테 물어보고 와."

몇 차례 말했지만 후쿠다 데이이치가 시바의 본명이다. 아직 서른 살 정도로 보이는데 머리가 반 이상 하얗게 된 그 기자를 구보우치는 사내에서 몇 차례 본 적은 있었지만 말을 나눈 적이 없어 이름은 알지 못했다. 쭈뼛쭈뼛 명함을 내밀며 인사하고, 데스크의 주문을 얘기했다.

시바는 시계를 보면서 "아직 시간이 있네. 앉게" 하고 말했다.

"자네, 빗추다카마쓰備中高松성의 수공水攻은 알고 있나?"

"네, 그 정도는."

"그럼, 거기서부터 시작할까."

시바의 말은 옛날이야기를 듣는 것처럼 재미있었다. 도요토미 히데요시의 모리毛利 공격에서 시작해 다카마쓰성 수공, 그때 일어난 혼노지本能寺(본능사)의 변, 모리와 강화하고 주고쿠中国 대회군에 이어 승패의 갈림길인 야마자키山崎 결전, 덴노잔의 전투까지, 유명한 아케치 미쓰히데明智光秀의 3일 천하를 30분 정도에 걸쳐 들려주었다.

열심히 메모했지만, 입사한 지 얼마 안 된 풋내기 기자가 시바가 얘기해준 내용에서 덴노잔의 핵심을 뽑아내 15행으로 써낼 자신은 없었다. 불안한 듯한 구보우치의 표정에서 이를 알아챘는지 "즉 덴노잔이란 뭔가라는 것이지?" 하고 요점을 간추려서 정리해주었다.

그렇다면 쓸 수 있다. 사회부에 돌아온 구보우치는 15행의 원고를 써서 어쨌든 마감 시간에 맞춰 냈더니 데스크는 싱긋 웃었다.

"어때. 역시 저 아저씨한테 물은 게 좋았지. 네가 조사부에 가서 잔뜩 조사해서 긴 원고를 쓰면 그거 줄이느라 내가 녹초가 됐을 거야."

구보우치는 다시 한 번 시바의 박람강기博覽強記에 감탄했다.


## 미기시 세쓰코三岸節子와 고이소 료헤이小磯良平

문화부에 있을 때의 시바는 "하루 다섯 시간 독서를 일과로 하고 있다"고 주위 사람에게 말했다. 백과사전을 매일 한 페이지씩 떼어내어 읽고 하루에 머리에 집어넣었다는 에피소드도 전해진다.

선배 데스크였던 세가와 다모쓰瀬川保는 "그게 어떤 것인지 모르지만, 더 읽을 게 없다면서 자주 백과사전을 읽었던 것만큼은 확실하지. 그것도 백과사전은 전쟁 전 것이 단연 좋다고 했어. 가토 기요마사加藤清正의 일이라든가, 요즘 것은 '고작 이 정도야'밖에는 실려 있지 않다고 했지. 그때부터 소설가의 눈으로 공부했던 것일 테지"라고 했다.

사회부 데스크에서 문화부 데스크가 된 세가와는 이동할 무렵 당시 사장 사와무라 요시오沢村義夫(1907~1970)에게 부름을 받았다.

"우리는 『오사카신문』이었던 예전부터 삼현三弦의 소리를 내는 방법에는 강하지만, 문예는 아무래도…. 새바람을 불러 일으켜줘. 마음대로 해도 좋아."

'삼현의 소리를 내는 방법'이란 곧 예능 관련을 말한다.

사회부에서 오래 있었고 노동조합 위원장도 지낸 경력에서 볼 때 의외라는 느낌도 있지만, 세가와는 사내에서 소설도 쓴 문예파로 알려져 있었다. 훗날 시바와 함께 동인지 『근대설화』를 창간하는 중심 멤버가 되는데, 이는 나중에 다루겠다.

사장이 말한 "마음대로 해"라는 말을 시바에게 전하고 "함께 해보자"고 한 세가와는 자신은 오로지 부인면을 담당하고, 문화면은 서브 데스크 격으로 시바에게 맡겼다. 그만큼 신뢰했던 것이다.

시바가 입으로는 "싫다", "못한다" 했던 미술 비평도 실제로는 열심히 화랑이나 미술관을 돌며 지면을 꾸몄다.

당시를 잘 아는 오사카 기타北구의 노포 '우메다梅田화랑' 회장 노로 요시노리野呂好德는 "시바 씨는 '응접실 좀 빌리자' 하고 들어와서 원고를 썼습니다. 쓰기를 마치고 원고를 전화로 보내면 표연히 사라지죠. 가까이 오하쓰텐진お初天神(쓰유텐신사[露天神社]의 별칭-역주) 근처에 단골 가게가 있었던 것 같아요"라고 했다.

서양화를 전문으로 다루면서 많은 준재俊才를 화단에 내보낸 우메다화랑은 각사 미술기자의 살롱 역할을 하게 되었다. 이윽고 우메다화랑이 장소를 제공하여 '간사이 미술기자실'을 설치했다. 시바가 모습을 드러내는 횟수도 많아졌다.

시바는 정열적인 화가와 작품을 좋아했다. 다시 말하면 정념을 캔버스에 내던지는 화가의 격렬한 삶의 태도에 매혹되었다. 예를 들면 고흐, 예를 들면 미기시 세쓰코三岸節子(1905~1999)….

"그 무렵 나는 주제성은 취약하고 처리 기술은 좋은 그림을 무수히 봐왔을 뿐이었는데 일본에도 천성으로 유화의 세계에 적합한 재능이 태어날 수 있다는 것을 미기시 세쓰코의 작품에서 감지했다." (『미기시 세쓰코 전시에 부쳐』)

미기시는 1954년 처음 유럽으로 건너가 예술적 충격을 받았다. 시바는 귀국한 미기시를 지인의 소개로 인터뷰한다.

"돌아오는 배가 점점 일본에 가까워져 이윽고 오키나와의 섬들이 보였을 때 하늘이 하얗게 되면서 바다 안개가 한 면에 드리워져 있어서, 아아 수증기 풍토에 돌아왔구나 하고 통절히 생각했습니다'라고 했던 당시 그녀의 말이 잊히지 않는다.

그녀에게는 절망에 가까운 슬픔을 담은 말이었다. '수증기 풍토'를 그려내는 데 탁월한 작품을 남긴 사람으로는 가와이 교쿠도川合玉堂(1873~1957)가 있다. 가와이는 그녀와 동향이지만, 그녀의 경우 자질로서는 날카로운 명석함이 필요했다. 그녀의 내장을 드러내는 데 이런 풍토는 맞지 않았다.

'피를 흘리며 유럽을 줄곧 걸었다'라고 그녀는 당시 말했지만, 그 땅의 건조했던 공기와 투명도 높은 외광外光이 없었다면, 그녀의 전신이 감광感光할 수는 없었을 것이었다.

그 후 그녀는 유채油彩의 정공법을 가지고 밀고 나가면서 그 억누르기 어려운 주제를 품고서 드디어 메이지 후 일본 유채가 이르지 못한 미답의 경지에 홀로 들어갔다." (위와 같음)

시바는 『가도를 간다』에서 콤비를 이룬 스다 고쿠타須田剋太(1906~1990)의 분방함도 사랑했다. 그 대극에 있던 이가 서양화단의 거장, 고이소 료헤이小磯良平(1903~1988)라고 할 수 있을까.

"부끄러운 사실을 말하면 젊은 시절, 고이소 씨의 작품을 밑바탕에서 떠받치는 희한한 데생의 힘이나 담박한 색채의 전개에 접했을 때, 뭔가 부족하다는 안타까움을 느낀 적이 있다.

중년이 되어 그런 게 사라졌다. 그 뭔가 부족함은, 고이소 예술에 있는 게 아니라, 자기 자신 품성의 부족함을 투영한 것에 지나지 않았다는 점을 깨달았다.

작은 소리로 말하고 싶지만, 단지 악을 예술의 핵심적인 것에서 나온 것처럼, 문득 착각해버리는 일이 사람에 따라서는 있을 수 있는 일이 아닐까."

'고이소 씨의 예술'이라는 제목을 단 이 문장은 1984년 우메다화랑의 간행물에 실렸다.

아무래도 미술기자 시절에는 고이소를 그다지 평가하지 않았던 것 같다.

여하튼 문화부 기자가 잘 맞았던 것인지 이 시기의 시바는 일을 잘했던 듯하다. 취재를 통해 인맥과 교제 범위도 점점 넓어졌다. 부인면에 '새로운 속옷 강좌'를 연재해 인기를 끌었던 가모이 요코 鴨居洋子(1925~1991)를 세가와에게 소개한 것도 시바였다.

시바는 사회부 출신의 습관으로 동료를 모아 철야로 마작을 하는 일도 많았던 세가와에게 쓴소리를 했다.

"노름 친구라는 건 아무것도 아니에요. 젊은 애들 모아서 소꿉놀이 대장 노릇하기보다, 저는 연상의 인간과 사귀는 것을 마음에 두고 있어요."

나이가 위인 세가와였지만, 아픈 곳을 찔려 대꾸할 말이 없었다.


## 아름다움의 조연

히가시오사카東大阪에 있는 시바의 저택 응접실에는 선명한 순색純色과 대담한 필치를 특색으로 하는 포비즘(야수파)의 화가 블라맹크Maurice de Vlaminck(1876~1958)의 그림이 걸려 있다.

그의 사진을 평하면서 "손가락 끝으로 꼼꼼히 납질蠟質을 펴 바른 듯 끈기가 있는 어두움을 가진 작품으로, 때로 블라맹크의 명화를 생각나게 했다"고 시바 료타로를 감탄하게 한 사진가가 있다. 나라에 살면서 만요萬葉의 고도古都를 촬영해온 이노우에 하쿠도井上博道(1931~2012)이다. 이노우에는 시바를 '인생의 스승'이라고 했다.

시바와 만났던 때는 류코쿠대학 학생이었던 1950~51년 무렵이었다.

효고현 가스미초香住町에 있는 임제종 난젠지파의 말사에서 태어난 이노우에는 장래 승려가 될 마음으로 불교계인 류코쿠대학에 진학했지만, 2학년 때 친구의 권유로 들어간 사진부에서 사진의 매력에 빠졌다. 처음엔 카메라 살 돈이 없어 다른 부원에게 카메라를 빌려서 동급생의 초상 사진을 찍어 억지로 팔아 용돈을 벌었다. 그

빌린 카메라로 사진 콘테스트에서 여러 번 입선했다.

류코쿠대학 맞은편에는 니시혼간지가 있다. 비운각 등 국보급 건물과 문화재가 넘치는 니시혼간지 안은 피사체로서 손색이 없었다. 어느 시기 이노우에는 거의 매일 대학 도서관 지붕에 올라 국보인 가라몬唐門에 카메라를 향했다. 가라몬은 투각透刻(어떤 그림이나 모양을 표현하기 위해 나무나 금속 등의 일부를 도려내는 조각 기법-역주)으로 장식되어 있어 떠오른 햇빛이 투각의 틈을 바늘처럼 뚫고 나가는 순간을 노리고 있던 것이었다.

지붕에서 카메라를 가지고 자세를 잡고 있는 이노우에의 모습을 니시혼간지가 내던 잡지 『대승大乘』의 편집장 아오키 고지로青木幸次郎가 방의 창문에서 보았다.

인연이란 신비한 것이다. 아오키는 이미 언급했듯이 시바가 『산케이신문』에 들어가기 전 일하던 『신니혼신문』의 동료였다.

아오키는 이노우에의 사진을 『대승』에 쓰고 싶다고 이노우에에게 말을 걸었다. 아오키는 이윽고 편집부에 드나들게 된 이노우에를 니시혼간지 내에 있는 종교기자실로 데리고 가서 시바에게 소개했다.

"아직 학생이지만, 훌륭한 사람이야."

아오키가 이렇게 소개하자 시바는 가만히 이노우에의 얼굴을 바라보더니 "내 은사 선생님과 닮았네"라고 했다.

"그렇게 나이 들어 보입니까?"

곤혹스러워하는 이노우에를 보고 시바는,

"그분도 당시는 25~26세였어. 어딘가 도련님 같았다네."
하고 웃었다.

그 후 이노우에는 시바를 찾아 빈번히 기자실에 얼굴을 내밀게 되었다. 밥을 사주거나 사진전 기사를 신문에 써준 적도 있다. 이때 시바와 만나지 않았다면 시골에 돌아가 절을 이어받았을 것이라고 이노우에는 생각한다.

류코쿠대학을 졸업한 이노우에는 프로 사진가에 뜻을 두고 『교토신문』에 입사하려고 응시했지만 채용에 이르지는 못했다. 그래도 끝까지 포기하지 않고 이미 입사 시험이 끝난 『산케이신문』 사옥을 찾아갔다.

"누군가 사내에 아는 사람이 있나요?"라는 말을 듣고 대답했다.

"교토에 있는 후쿠다 씨를 알고 있습니다."

당시 이미 오사카 본사로 이동한 시바의 이름을 말했다.

거들어주었는지 여부는 모르겠지만, 콘테스트 입선 경력이 평가되어 이노우에는 신입이 아니라 경력자 채용 형태로 입사할 수 있었다. 1955년의 일이었다.

입사하자마자 사진부 데스크가 "오사카성 공원에서 스케치를 찍어와"라고 보도용 카메라의 대명사가 된 스피그라(Speed Graphic의 일본식 줄임말로 보도용 주름상자식 사진기-역주)를 건넸다. 스피그라를 손에 드는 것은 처음이었던 이노우에는 대강 사용법을 배워 용감히 뛰어나갔다. "마감까지 2시간이야." 데스크가 소리쳤다.

추운 아침이었다. 이노우에는 안개로 둘러싸인 공원에서 몇 장인가 셔터를 눌러 회사로 돌아왔다. 그 사진은 석간 1면을 장식했다. 풍경 사진은 그의 특기였다.

사건부터 스포츠까지 모든 장르를 맡아 바쁘게 뛰어다녔던 이노우에는 입사부터 3년 정도 지난 어느 날 문화부 데스크가 된 시바의 부름을 받았다. 문화면에 새로운 바람을 불어넣는 참신한 사진 기획을 고민하고 있었다. '아름다움의 조연'이 타이틀이었다.

"고미술에 대한 관심은 해마다 높아지고, 민족의 위업, 마음의 고향을 그리워하며 찾는 애호가도 현저하게 늘어나는 요즘이다. 그리고 고미술을 주제로 한 책의 출판은 물론 신문지상에서 다루는 기획기사도 일일이 거론할 수 없어 매너리즘의 느낌도 없지 않다. 그래서 본지에서는 다른 곳에서 볼 수 없는 새로운 기획을 하고 생각을 짜낸 것이 '아름다움의 조연'으로, (중략) 조연이라고 굳이 제목을 정한 것은 2류, 3류 문화재를 겨냥했기 때문이 아니다. 눈에 띄지 않는 존재이면서 버리기 어려운 흥취와 가치를 지닌 것을 엄정히 골라 클로즈업하여 조상들이 조연에도 절대적인 경의와 관심을 나타내왔음을 다시 인식하기를 바라기 때문 외에 다른 이유는 없다."

'아름다움의 조연'은 1958년 11월에 시작해 주 1회, 150여 회를 지속했다. 이를 정리하여 낸 단행본 후기는 편집국장 이름으로 되어 있지만 실은 시바가 썼다. 문장에서 패기가 전해진다.

시바는 일찍이 니시혼간지 경내를 걸어서 돌아다니며 카메라로 사진 찍는 자세를 취하던 이노우에를 기억했다. '아름다움의 조연'은 이노우에라는 사진가가 없었다면 성립할 수 없다. 열정적으로 구상을 말했다.

"예를 들면 도다이지東大寺(동대사) 가이단인戒壇院(계단원)의 광목천상廣目天像이 있잖아. 광목천이 두 다리로 밟고 있는 천사귀天邪鬼는 그저 한번 바라볼 뿐이지 누구도 독립한 존재로서 보지 않잖아. 그러나 잘 보면 천사귀는 고통, 항복, 분노 같은 것을 표현하기 위해 대담하게 '데포르메(자연 형태를 예술적으로 변형함-역주)'되어 있지. 부처들보다 오히려 근대 조각 같지 않나?"

나아가 "그 얼굴 생김새를 잘 보고 있으면 코는 납작한 주먹코에 콧구멍도 비루하게 천장을 향해 있지. 이것이야말로 우리의 얼굴이지 않나?"

시바는 이노우에가 끼어들 틈도 없이 말을 계속했다.

이어 "나는 대장은 싫다. 참모 쪽이 좋아"라고 했다. "빛나는 주연의 주위에는 조연이 많이 있지. 조연이 뒷받침하기 때문에 바로 주연이 빛나는 거야."

이노우에는 '아름다움의 조연'이 노리는 바를 알 것 같은 기분이었다. 사진이 주가 되고 글이 따라가는 연재는 당시엔 아직 흔하지 않았다. 이것이야말로 이노우에가 하고 싶었던 일이었다.

하지만 기껏 입사 3년 차인 이노우에에겐 아무리 의욕이 일어나도, 자기 혼자만의 생각으로 기획을 하겠다고 할 수는 없었다.

그렇다는 걸 살핀 시바는 즉시 사진부 데스크 앞에 가서 "이노우에 군을 이번 기획의 전임으로 했으면 한다"고 부탁했다. 상사인 부장도 통하지 않고 사진기자를 인선까지 한 것은 꽤나 난폭한 일이었다. 그래도 이노우에가 기획을 전담하게 되었다. 사진부는 떨떠름해했지만 억지로 강행해 '아름다움의 조연'은 시작됐다.

제1회 테마는 나라 도쇼다이지唐招提寺(당초제사)의 천수관음상이 지닌 '해골'이었다. 게재된 사진은 세로 4단이라는 큰 크기로 천수관음의 실제로 천 개에 가까운 손 중 하나가 지닌 섬뜩한 '해골'이 의표를 찔렀다. 원고는 오사카시립대 조교수였던 역사학자 나오키 고지로直木孝次郎(1919~2019)에게 의뢰했다.

이노우에는 휴일도 희생하면서 이 기획에 열성을 다했다. 시바도 자주 이노우에의 촬영에 동행해 접사다리를 짊어져주거나 했다고 한다. 시바는 훗날, 이노우에가 출판한 사진집『도다이지東大寺』에 부탁받아 집필한 '화엄을 둘러싼 이야기'에서 이렇게 회고한다.

"덕분에 나는 지금 생각해도 미소가 멈추지 않을 정도로 즐거웠다. 아무튼 나라현을 중심으로 그 조연을 찾아와준 것은 이노우에 씨였다. 찍은 이도 물론 그였고, 또 사진부라는 부서 구분을 떠나

하나하나 집필자를 찾는 것까지 해주었다."

집필자가 있는 곳에 원고를 가지러 가는 것도 이노우에의 역할이었다. 회사로 돌아오는 중에 받아든 원고를 보았던 이노우에는 원고가 지면에 실리면 미묘하게 바뀌어 있다는 사실을 알아챘다. 학자나 역사가가 쓴 딱딱한 문장이 상당히 읽기 쉽게 바뀌어 있었다. 말할 필요도 없이 시바 데스크가 손을 댄 것이다. 그리고 연재 종반에는 '작가 시바 료타로'가 집필진에 더해졌다. 이노우에는 시바로부터 많은 것을 배웠다.

지금도 대형 카메라로 계속 찍고 있는 것도 시바의 영향이다. 이노우에에 따르면 카메라 렌즈는 육안보다도 정밀하게 사물을 인식하고 질감을 묘사한다. 특히 대형 카메라 렌즈는 육안으로는 볼 수 없는 것까지 찍어낸다. 파인더를 들여다보고 있을 때는 인식하지 못했던 것이 사진의 한쪽 구석에 찍혀 있는 것에 놀란 적이 있다. 이노우에는 그것을, 까딱하면 못 보고 지나칠 것 같은 것들을 건져 올리는 '시바 씨의 눈'이라고 말한다. '아름다움의 조연'에서 자신감을 얻고 후에 프리랜서가 된 이노우에는 출판 관계자가 많은 도쿄로 활동 거점을 옮기려고 생각해 시바에게 상담한 적이 있다. 시바는 한마디로 "바보냐"고 일축했다.

"자네는 무엇을 찍고 싶은 건가. 나라나 교토지 않나. 도쿄에 가서 뭘 찍을 거야. 예를 들어 후지산 꼭대기에 있어도 훌륭한 일을 하면 사람들은 온다."

그 말로 이노우에는 나라에 거처를 정했다. 무엇보다 시바 자신이 평생 히가시오사카를 떠나지 않았던 것도 이노우에에게는 자극이 되었다.


칼럼 '풍신風神'

『산케이신문』에서 시바가 근무한 경력을 더듬어보면 1956년 2월에 문화부 차장, 1958년 7월 부장대우, 1959년 11월 문화부장대리, 1960년 1월 문화부장으로 거의 1년마다 승진하고 있다. 뜀박질로 계단을 올라간 것처럼 보이지만, 발탁하여 출세가 빨랐다고 말할 만큼은 아니다. 전후 입사한 사원이 많아 회사 전체가 젊었던 까닭이다.


"신문사에서는 작은 관리직이 되었지만 아무래도 적임이 아니었습니다. 부하에게 기술적인 것을 너무 요구해 '관리한다'기보다 부하의 '기술 채점자'라는 정도의 관리밖에는 하지 못했다고 생각합니다." (『자전적 단장 집성』)


관리직이 되면 기자로서는 '끝'이다. 일은 보통 샐러리맨과 다르지 않다. 그 때문에 시바는 점차 소설로 기울어졌지만, 기자나 데스크의 일을 기술의 측면으로 본다면 틀림없이 우수한 기술자였다.

문화부에서는 매주 기획회의를 했다. 부원이 모두 모여 새로운

편집국에서 신문을 읽는 문화부장 시절의 시바 료타로. (1960년)

기획이나 다음 주에 다룰 테마를 정하고 담당자에게 할당한다. 사회를 보고 진행하는 역할은 데스크의 몫이다.

그런데 그다지 적극적인 발언이 없다. 그도 그럴 것이 부원 사이에는 암묵적인 이해가 있었기 때문이다. 어설프게 기획을 내면 데스크인 시바가 만족할 리 없고 채택되지 않는다. 회의가 끝나기 직전에 시바가 원고용지에 뭔가 써서 "이걸로 가자. ○○ 군, 부탁해"로 늘 회의가 끝났다.

지면의 질에 대해서는 엄격했다. 그리고 무엇보다 신문을 좋아했다. "휴간일을 만든 후부터 일본의 신문은 잘못되었다. 신문은 쉬면 안 돼"라고 입버릇처럼 말했던 것을 문화부 부원이었던 스기야마 나오키杉山直樹가 들었다.

스기야마에 따르면 시바는 너무 고친다고 생각할 정도로 원고를 고치는 데스크였다. 달리 말하면 그 정도로 문장에 엄격했던 것이다. 또한 신문은 이해하기 쉽고 재미있지 않으면 안 된다고 하는 것도 지론이었다.

'아름다움의 조연'처럼 외부 필자에게 의뢰한 원고도 손을 대는데, 부원의 원고를 고치는 건 당연하다고 할 수 있다. 그러나 콧대 높은 기자들은 납득하지 않았다. "이건, 개악이다"라고 소리 높여 항의하고, 교정쇄 단계에서 당초 원고로 돌려놓는 일도 있었다.

시바가 고친 글이 너무 지나쳐 잘못된 때도 있었다. 스기야마가 기억하는 실패담이 재미있다.

'아름다움의 조연'을 비롯해 데스크로서 시바가 입안한 기획은 많다. 유명인의 교우들을 인터뷰한 '좋은 친구, 나쁜 친구'도 그중 하나다.

이 기획에 시바가 경애하는 작가인 후지사와 다케오藤沢桓夫(1904~1989)가 등장했다. 후지사와와 사촌인 문화부 기자 이시하마 다다오石浜典夫가 인터뷰어가 되어 장기 명인이며 기재奇才로 알려진 마스다 고조升田幸三(1918~1991)와의 교우 관계를 그렸다.

그런데 이시하마가 쓴 당초 원고에는 없었는데 "(후지사와가 장기를 두면서) 물러달라고 해서 마스다 씨를 이겼다"는 이야기를 집어넣어 신문에 실었다. 이야기를 재미있게 하려는 서비스 정신이었는지는 모르지만, 후지사와는 "내가 마스다 씨에게 물러달라고 할 까닭이 없다"고 분개하며 가라앉지 않았다. 곤란해진 시바는 후지사와에게 '나와 장기'라는 에세이를 쓰게 하고 "나는 물러달라고 하지 않는다"고 정정해서 어쨌든 수습했다.

당시 동료 중에는 시바의 이런 동작을 기억하는 사람이 많다. 만년필이나 연필을 오른손 중지와 검지에 끼우고 재주 좋게 빙그르 돌린다. 그러면서 생각을 정리하는 것일 터이다. 천천히 만년필을 고쳐 잡고서 원고지로 향한다. 원고 쓰는 속도는 매우 빨랐다고 한다.

간사이關西 지역 석간신문으로 한때 80만 부의 부수를 자랑했던 『오사카신문』의 문화면에 '스칸포(산시금치, 수영이라고 불리는 식물-역주)', '페이퍼 나이프(후에 '촉각'으로 바뀜)'라는 칼럼란이 있었다. 시바는 거기에 '풍신風神'이라는 필명으로 칼럼(본서 끝에 대표작을 게재)을 쓰고 있었다. 당시 『산케이신문』 문화부는 『오사카신문』 문화부도 겸하고 있었고, 이 칼럼란도 시바가 제안해 생긴 것이었다.

'풍신', '뇌신雷神', '화신火神', '지신地神' 등 문화부 베테랑 기자는 각각의 필명을 갖고 번갈아 집필하게 되어 있었는데 지면에 나오는 것은 '풍신'이 압도적으로 많았다.

"편집국장이 비교해 읽어보고서 내가 쓴 원고는 쓰레기통에 집어넣었다. 쓰고 다시 써도 몰고沒稿를 해버리니 쓰기 싫어지더라."

이렇게 말한 이는 당시 '뇌신' 씨다.

풍신의 칼럼을 하나 소개한다.


"○…바람 속에서 어렴풋이 황금(동전) 흔들리는 소리가 나 무심코 올려다보니 은행나무에 눈길이 이르렀다. 예전 교토대 북쪽 구내를 걷던 때였다. 늦가을 이즈음의 풍경으로는 간사이 지역 대학 중에서 손꼽을 만한 곳이다. 바람과 빛과 은행과 그리고 하얀 학내 도로, 그 고요함은 발소리마저 울려 퍼지게 한다.

○…일찍이 바로 이곳에서 나는 몇 차례나 학생운동이 벌어지던 것을 보았다. 사행蛇行 데모, 노호격투怒號格鬪 등 만약 그들이 내걸고 있는 주제에 대한 지식이 없었다고 한다면, 그것은 마치 광인狂人의 집단 발광으로밖에 달리 이해할 수 없는 모습이었다. 하지만 지금은 그때를 회상하는 것조차 거부할 정도로 고요함이 이 은행나무 학원을 덮고 있다.

○…맥락도 없지만, 문득 나는 '아모크amok'라는 말을 떠올렸다. 글자의 뜻은 '열대의 광기'라 할까, 인도네시아 민족 특유의 정신 발작을 말한다. 보통 때는 얌전하고 마음 여린 남자가 어떤 박자에 갑자기 흉포해져서 피를 보지 않으면 그치지 않는 소동을 벌인다. 교토대 학생운동의 발현 방식이 아모크였다고는 결코 생각지 않지만, 우리 쿠로시오민족黑潮民族의 피 속에 이런 무서운 아모크의 유전자가 남아 있지 않다고 단언할 수는 없다.

○…그날 석간은 이바라키茨城대에 해군 항공 순직자 위령탑을

건립하는 것을 둘러싸고 벌어진 소동을 전했다. 원래 이 대학은 가스미가우라霞ヶ浦 해군항공대 본부의 옛 부지를 사용하고 있다. '구내에 그런 것을 세우는 것은 학원을 파괴하는 일이다'라고 학생들은 말한다. 다행히 지금은 아모크적인 폭발에는 이르지 않았지만, 들여오려고 하는 그 탑 속에는 학생들의 선배인 전몰 예비 학생의 영혼이 잠들어 있다. 서양인이 이해할 수 없는 그 특공 산화! 그것을 아모크였다고 결코 나는 생각지 않는다. 이런 관찰 방식의 불완전함은 충분히 알고 있지만, 다만 민족의 정신 생리 안에 이런 피가 남아 있는지 어떤지를 누군가가 연구해주었으면 하는 생각은 있다."

신문기사는 날것이라고 자주 이야기된다. 금세 옛것이 되고 진부해진다. 매일 매 시각 뉴스를 쫓아가야 하는 숙명이 있다.

하지만 이 '풍신' 칼럼의 신선함은 오늘 신문에 실어도 어떤 위화감도 없다.

『산케이신문』에 막 입사한 미우라 히로시三浦浩(1930~1998)도 '풍신'의 포로가 되었다. 칼럼이 게재된『오사카신문』을 손에 쥐자마자 한큐전차에 뛰어올라 교토의 친구를 찾아가 "이거 선배가 쓴 거야"라면서 읽어주었다 한다.

미우라는 "읽을 때마다 감탄했는데, 어째서 그 정도로 감명을 받았지 하고 생각했다"면서 시바 료타로를 그리워하며『유채꽃의 노래菜の花の賦』에 썼다.

"드디어 깨달았다. 후쿠다 씨의 칼럼은 어딘가에 픽션 같은 것이 숨어 있다. 다시 말하면 처음 발상에는 픽션이 있고, 이를 견고한 팩트로 단단히 만들면서 칼럼을 쓰는 것이다.

즉 요즘 유행하기 시작한 '쇼트 쇼트 스토리Short Short Story(초단편소설)'의 논픽션판인 것이다. 아무래도 그래서, 매우 재미있는 것이라는 사실을 알았다."

미우라는 시바를 타고난 불세출의 칼럼니스트로 평가한다. 그 정도로 신입 시절 읽은 '풍신'의 칼럼이 인상적으로 남아 있다.

『유채꽃의 노래』의 '후기를 대신하여'에 미우라는 이런 아이디어를 내고 있다.

"만년의 시바 씨는 그냥 혼자서 신문기자를 하고 있는 느낌이 있었다. 그래서 이를 더 강력하게 확대하여 시바 씨가 연일 칼럼을 써서 전국의 신문사에 보냈다면 좋았을 것이라고 몽상했던 것이다. (중략) 시바통신사를 만들어 미도리 부인이 사장이 되고, 필자로 칼럼니스트 시바 료타로를 거느리고 연일 전국 각지로 게재 무료로 칼럼을 전송한다면 시바 씨의 사심 없는 마음으로 뒷받침된 우국의 정이 곧바로 국민에게 전해졌을 것이다."

실현됐다면 흥미로웠을 것이다.

『오사카신문』에는 다무라 다이지로田村泰次郎(1911~1983)의 소설을 연재했다. 언젠가 다무라가 파리로 출장 가서 마감 때가 되었는데도 연재소설 원고가 도착하지 않았다. 실어야 할 원고가 없기 때문에 부득이 '필자 사정으로 쉽니다'라고 양해를 구해야 하지만, 데스크인 시바 료타로는 "신문 연재는 하루도 쉴 수 없다"고 한다.

어떻게 할지 다른 부원이 보고 있었더니 천천히 펜을 쥐고 1회분을 써냈다. 전회까지의 흐름을 보고서 "자, 이렇게 되겠지" 했다. 늦게 도착한 다무라의 원고는 시바가 쓴 것과 대체로 다르지 않게 이야기가 전개되었다고 한다.

대필을 말한다면, 작가 데라우치 다이키치寺內大吉(1921~2008)가 집필한 대중작가론의 1회분도 시바가 대신 쓴 것이었다. 당시 인기작가의 작품론도, 가십 모음도 아닌 칼럼으로 데라우치 자신이 기획한 『오사카신문』의 인기 연재물이었다.

데라우치는 병이 있어 "이번 주는 쉽게 해달라"고 연락하고서, 오사라기 지로大仏次郎(1897~1973)던가, 가와구치 마쓰다로川口松太郎(1899~1985)던가, 예정했던 원고를 보내지 않았다. 그런데 보내온 신문을 보니 데라우치 이름으로 제대로 실려 있는 게 아닌가. 그것도 얄미울 정도로 정교한 문장이었다.

"이걸 누가 쓴 거야?" 물으니 전화를 받은 담당 기자는 "핀치히터는 후쿠다 씨입니다"라고 한다.

데라우치는 젊은 나이에 흰머리 가득한 시바의 얼굴을 떠올렸다. 확실히 몇 차례 만나긴 했는데, 화술은 비할 데 없이 좋았지만 그렇게 문장이 뛰어나리라고는 생각지 못했다. 대필한다는 말을 듣지도 못했지만 데라우치는 화가 나지 않았다.

오히려 이를 인연으로 시바와 친해져서 후에 "소설을 쓰라"고 권하고 동인잡지 『근대설화』를 창간하는 데 이른다. 자세한 이야기는 다음 장에서 하겠지만 "이 100행 남짓한 칼럼으로 나는 시바 료타로라는 작가를 발견했다"고 데라우치는 말하고 있다.

당시를 아는 사람들을 취재하니, 일을 열심히 해 기자로서도 대성했을 시바 료타로의 모습이 떠오르지만, 이런 장난기 가득한 에피소드도 있다.

『삼등중역三等重役』 등으로 샐러리맨들에게 인기 있는 작가로 『산케이신문』 석간에 연재소설 『강은 흐른다』를 쓰고 있던 겐지 게이타源氏鶏太(1912~1985)는 오사카에 올 때면 반드시 신문사 문화부에 들렀다. 회의를 한 후 밤거리에 나가 마지막은 으레 단골 바에서 문 닫을 때까지 마셨다.

언젠가 시바가 "겐지 씨를 두고 가자"고 함께 있던 세가와 다모쓰瀨川保에게 귀엣말을 했다. 바의 젊은 독신 여주인과 겐지 게이타 둘만 있게 하면 어떻게 되는지 보자고 장난을 친 것이다.

시바와 세가와는 슬며시 바를 빠져나가 인근 오하쓰텐진お初天神까지 달려갔다. 뒤를 쫓아오지 않는 걸 확인하고 서로 얼굴을 마주보며 웃었다.

후일 그 바에 가서 물어보니 "겐지 씨는 혼자 남아서 곤란한 얼굴을 하고 있었어요"라고 했다. 물론 여주인과는 아무 일도 없었다.

제5장

작가로

도약

『페르시아의 마술사』

시바 료타로의 뒤를 따라가는 것처럼 친하게 지내던, 또는 시바의 신문기자 시절을 잘 아는 사람들이 잇따라 타계했다. 후쿠이 대지진을 함께 취재했던 나가타 데루미永田照海(1922~1999), 만년에『산케이신문』에 연재한『풍진초』를 담당했던 후쿠시마 야스오福島靖夫(1940~1999),『근대설화』동인이었던 오자키 호쓰키尾崎秀樹(1928~1999), 그리고 후배로서 가장 총애했던 미우라 히로시三浦浩(1930~1998)다.

취재하면서 이 사람의 이야기를 들을 수 있었다면 하고 아쉬운 생각이 들 때가 여러 번이었다. 그중에서도 미우라는『산케이신문』문화부에서 가장 가까이 있던 사람일 뿐 아니라 신문기자 시절을 말할 때 빠뜨릴 수 없는 존재였다.

그런 중 고마웠던 것은 시바의 서지書誌를 연구하는 야마노 히로시山野博史(1946~ )의 간절한 협력을 얻었던 것이다. 야마노는 간사이대학 법학부 교수로 전공은 일본정치사이기에 문학엔 전혀 문외한이다. 하지만 학생 시절 고서점에서 아르바이트를 하면서 관심을 가져 맹렬한 '시바 팬'이 되었다. 모은 자료도 상당하고 매달 간행된 전집의 월보에「발굴 시바 료타로」를 연재했다.

'시바 료타로'라는 필명을 처음 사용한 때는 1956년 제8회 고단講談클럽상을 수상한 소설로 처녀작인『페르시아의 마술사』부터다. 그 전해에 출판된『명언수필 샐러리맨』에는 아직 본명인 '후쿠다 데이이치'였다.

'시바 료타로'로 한 까닭에 대해 본인은 『사기史記』를 쓴 중국 전한前漢 시대 역사가 사마천司馬遷(기원전 145~86)에 요원遼遠하여 미칠 수 없다는 의미로 붙였다고 한다.

사마천 『사기』는 애독서였다. 동경했고 목표이기도 했을 것이다. 시바 료타로 외에 시바 료이치司馬遼一나 시바 료노스케司馬遼之介도 후보였지만 결국은 시바 료타로로 정했다고 한다.

시바 료타로司馬遼太郎의 '료遼'에 대해 미우라 히로시는 독자적인 해석을 한다.

"후쿠다 씨가 갖고 있는 이상한 감성은 스스로 2,000년 후의 사마천으로 위치 짓는 것이 아니었다. 사마천이 여행가였던 것처럼 시바 료타로도 자주 여행했다. 대작 『가도를 간다』는 그 소산이다.

시바 료타로의 '료'는 요원하여 미치지 못한다는 '료'가 아니라 사마천이 "기전체紀傳體 역사의 최초"(오가와 다마키[小川環樹], 1910~1993)인 『사기』를 쓴 것처럼 사마천과 먼(遼) 후세에 일본에 태어난 한 남자太郎가 전후 일본에서 『사마일본사』를 계속 만들어낼 것이라고 예견한 데서 이름을 지었다고 생각한다." (『시바 료타로와 그의 영웅』)

시바 료타로가 작가로서 출발할 즈음에 어떤 생각을 품었는지는 알 길이 없지만, 그 업적은 '사마천에 요원하여 미칠 수 없다'기보다는 '현대의 사마천'이라고 해도 좋지 않을까.

"신문사에 들어갈 때부터 서른 살이 되면 회사를 그만두고 소설을 써야지 하고 막연히 생각하기 시작했습니다. 하지만 어릴 때부터 '소설을 쓰겠다' 같은 말을 다른 사람에게 한 적은 없었습니다. 뭔가 문학청년이라고 불리는 것에 상당히 수치심이 있었던 것입니다."(『자전적 단장 집성』)

당초 생각보다는 좀 늦게 서른세 살이 되었다. 이때부터 신문기자 후쿠다 데이이치는 점차 작가 시바 료타로로 변신해간다.

"소설을 쓰라고 권해준 이는 나리타 유코成田有恒(1921~2008) 군이었습니다"라고 말한 것처럼 데라우치 다이키치寺内大吉와 만난 것이 중요하다. 도쿄 세타가야世田谷의 정토종 다이키치지大吉寺(대길사) 주지인 나리타 유코는 다이키치지에서 살기 때문에 필명을 데라우치 다이키치라고 했다. 그는 당시 이미 작가 활동을 시작했고 『산케이신문』 기자이며 자신처럼 승적僧籍을 가진 마쓰우라 유키마사松浦行眞(1923~1991)와 사귀면서 『오사카신문』에 대중작가론을 썼다.
　앞서 소개한 것처럼 시바 료타로는 데라우치의 연재 원고를 한 번 대필했다. 그 문장을 읽고 "잘 쓰잖아"라고 관심을 가진 데라우치는 오사카에 와서 술을 마시면서 "당신, 소설을 써라"라고 권했다.
　"하지만 동인잡지라는 걸 싫어하는데…."
　"세상엔 현상공모 소설이란 것도 있지 않은가."
　현상소설은 권위 있는 사람들이 심사를 한다. 입선한다고 해서 그것으로 작가가 될 수 있는 것은 아니지만 무슨무슨 상을 수상한 아무개라고 하면 명함을 내밀기엔 좋다. 이를 이용하지 않을 까닭이 없지 ―. 데라우치의 말에 시바도 수긍했다.

신인 작가를 발굴하기 위해 몇몇 출판사가 현상소설을 공모했다. 데라우치는 도쿄로 돌아가 눈에 띈 현상소설 응모 규정을 보내주었다. 그중에 가장 마감이 일렀던 것이 고단클럽상이었다.

시바는 단번에 『페르시아의 마술사』를 썼다. 『요미우리신문』 기자였던 스에쓰구 세쓰코가 커피숍에서 원고를 쓰고 있는 시바를 발견하고 말을 걸었더니 "상금벌이요"라며 웃었다. 고작 이틀 만에 원고지 60장을 메웠다고 한다.

스토리는 13세기 초 몽골족에 점령당한 페르시아의 마을에 나타난 마술사가 몽골 지배자에게 싸움을 거는 동시에 아름다운 여성을 놓고 다투는, 낭만 넘치는 활극이다.


"신문기사라면 길어야 3장, 그것도 진땀을 흘리며 쓰는데 무려 60장이라고 하니 마치 대양大洋에 배를 타고 나간 것 같은 느낌이 있었습니다. 행을 바꿀 때는 한 자를 들여 쓴다든가, 구두점은 한 글자로 친다든가 하는 작법도 전혀 모른 채 쓴 것 같네요.

쓰기를 마치고 정신을 차려보니 도무지 일본인이 한 사람도 등장하지 않았던 것입니다. 몽골인이 페르시아를 정복했던 이야기로, 그것도 중세가 무대인 까닭에 이러면 페르시아 소설을 번역한 것이라고 심사위원들이 생각하는 게 아닐까, 뭐 떨어지겠지 하고 생각했습니다.

다행히 입선했습니다.″(『자전적 단장 집성』)


심사위원 사이에서 격론이 있었다고 한다.

심사위원은 가이온지 초고로海音寺潮五郎(1901~1977), 고지마 마사지로小島政二郎(1894~1994), 겐지 게이타源氏鶏太(1912~1985), 오바야시 기요시大林清(1908~1999), 야마테 기이치로山手樹一郎(1899~1978) 등 다섯 사람.

『페르시아의 마술사』를 강하게 밀었던 이는 가이온지 초고로였다. "높이 평가한다", "당선작이라고 생각한다"고 하면서 "완전히 반했다"고까지 말했다.

고지마 마사지로와 오바야시 기요시는 "당선작 두 개 중 하나라면 좋다"고 소극적이었지만 찬성했다. 야마테 기이치로는 "취향에 맞지 않는다" 했고, 겐지 게이타도 "나는『페르시아』에 대해서는 발언권이 없습니다. 이런 건 싫어하기 때문에"라며 반대했다.

이 같은 문학상 심사는 의논하는 가운데 어느 쪽이라도 양보하여 수습하는 것이지만, 취향 문제도 있어 좀처럼 결론을 내지 못했다. 일단 다른 시대물을 당선작으로 하자고 하는 흐름이 되었는데 가이온지가 『페르시아의 마술사』를 떨어뜨리는 게 무슨 일이냐"고 큰 소리를 내 결국 두 작품이 동시 수상하는 것으로 결정했다. 가이온지의 서슬이 시퍼래서 자리가 썰렁해졌다고 한다.

여담이지만 겐지 게이타는 전에 서술한 것처럼 『산케이신문』문화부 기자인 후쿠다 데이이치와 일로 만난 적이 있었지만 『페르시아의 마술사』를 쓴 시바 료타로가 같은 인물이라고는 알지 못했던 것 같다.

여하튼 가이온지 초고로의 추천은 그 후 시바가 가는 길에서 매우 중요한 의미를 갖는다. 수상식에서도 극구 칭찬했다. 상금 10만 엔을 받고 돌아온 시바는 문화부에서 자리를 나란히 하고 앉은 세가와 다모쓰에게 얼굴을 가까이하며 "가이온지 씨가 '천재'라고 말해주었다"면서 속삭이듯 말했다.

실은 세가와도 이전부터 소설을 쓰고 있었다. 권유를 받고 고단클럽상에 응모했는데 최종심까지 남았지만 입선에 이르지는 못했다.

분통 터지는 마음을 뒤집어놓는 것 같은 말이었지만, 평소엔 뽐내는 기색을 전혀 하지 않는 사내가 선생님에게 칭찬받은 아이처럼 기뻐하고 있었다. 천진난만한 그 표정을 보니 싫은 기분도 느끼지 못했다.

『페르시아의 마술사』에 대하여, 시바 료타로는 고단클럽상 수상 소감에서 이렇게 말했다.

"저는 기묘한 소설 수업법修業法을 취했습니다. 소설을 쓰는 것이 아니라 수다를 떠는 것입니다. 소설이라는 형태를 나의 배 속에서 설화의 원형에까지 환원해보고 싶었습니다. 이번 그 설화의 하나를 특이하게 문자로 써보았습니다. 그런데 어떤 친구가 일독하더니 '자네의 이야기 방식이 재미있어' 했는데 이는 통렬한 혹평이었습니다. 그렇게 되면 나는 먼저 나의 소설을 나의 이야기로까지 가까이하기 위해 몹시 노력하지 않으면 안 됩니다."

시바 료타로가 좌담을 잘하는 것은 잘 알려져 있다. 워낙 엄청난 지식을 갖고 있는 데다 이야기하기를 좋아한다. 이야기를 시작하면, 화제는 종횡무진 시공時空을 넘어 끝나지 않는다. 듣고 있는 쪽은 시간 가는 줄 모르고 빠져든다.

겐지 게이타도 "그 옛날 시바가 아직 후쿠다 데이이치일 때 그로부터 들은 이야기를 그대로 적어 몇 편의 단편을 쓴 적이 있다. 지금도 좋아하는 단편으로 남아 있는데, 같은 이야기라도 그로부터 듣지 못했다면 작품으로 성공하지 못했을 것이다. 그렇게 성공한 까닭은 그의 뛰어난 화술이 나의 작품 속에 살았기 때문이다"라고 감사하고 있다.

이즈음 데라우치 다이키치, 세가와 다모쓰 등과 동인지를 하려는 이야기가 있었는데 그 이름을 『근대설화』라고 한 것도 자신이 쓰는 소설을 설화에 가깝게 하고 싶다는 생각 때문이었는지도 모른다.


근대설화

이야기 순서가 왔다 갔다 하는 듯한데 『페르시아의 마술사』를 고단클럽상에 응모했던 것도『근대설화』와 관계가 있다.

시바 료타로는 동인잡지라는 것이 마음에 들지 않았다. 아니, 솔직히 싫었다고 해도 좋겠다. 문학청년이 무리를 지어 이렇다 저렇다 문학을 말하는 게 성정에 맞지 않았다. 무엇보다 소설을 써야지 하고 뜻을 품었지만, 소년 시절부터 좋아하는 작가도, 열심히 읽었던 소설도 없었다. 문학청년 패거리에 들어가는 걸 꺼리고 있었다.

그러나 "동인잡지를 하자"고 말을 꺼낸 데라우치 다이키치는 물러서지 않았다. "세상에서 말하는 동인잡지라면 싫다"는 시바를 향해 "내가 생각하건대 동인잡지는 돈을 내서 살 만한 것이 되지 않으면 안 돼"라는 지론을 개진하고 "문단적인 야망을 노골화하고, 세공한 예술지상주의적인, 병적인 에고이즘은 배제해야 한다"고 딱 부러지게 말했다. 『산케이신문』근처 커피숍에서 눈앞에 놓인 커피는 벌써 식어 있었다.

결국 시바도 뜻을 굽혀 서로 주위에 있는 동료를 모아서 동인지 간행회를 결성하기 위한 첫 모임을 열었다. 1956년 2월이었다.

세상에서 말하는 동인잡지는 하고 싶지 않아서 몇 가지 조건을 내걸었다.

먼저 동인으로부터 회비는 받지 않는다. 정례 모임도 하지 않는다. 동인끼리 서로가 발표한 작품에 대해서는 비평하지 않는다.

이 세 가지 조건은 대방침으로서 양보하지 않았다.

왜냐하면 정례 모임으로 작품을 칭찬하거나 헐뜯거나 하면 비평당한 이는 다음 작품을 쓰는 단계에서 비평을 떠올리고 무의식적으로 비평한 동인을 대상으로 쓰게 된다. 또 동인 중에 뛰어난 이가 있으면 모두가 비슷하게 닮은 문장을 쓰게 된다. 그러면 각자의 개성을 펼칠 수 없다고 생각했기 때문이다.

누구에게나 결점은 있다. 그 결점에 위축되면 안 된다. 오히려 결점 위에 가부좌를 틀고서 자라나는 그것이 예술이라고.

동인에도 하나의 기준을 만들었다. 단순히 문학 애호자의 모임이 아니라 어디까지나 프로를 지향하는 목적을 분명히 하고, 무명이라도 현상소설에 입선했다면 참가할 수 있게 했다.

그런데 자신은 입선 경력이 없다. 그 때문에 서둘러 응모했던 것이 고단클럽상이었던 것이다. 이로써 동인 자격을 얻었기 때문에 수상을 기뻐했던 걸 알 수 있다. 『근대설화』 제1호는 1957년 5월 15일 냈다. 인쇄는 시바가 『명언수필 샐러리맨』을 낸 오사카의 작은 출판사 로쿠가츠샤六月社에 의뢰했다.

권말에 실은 「이 잡지의 내막」에 동인이 소개되어 있다.

"동인은 각각의 분야에서 필력을 가진 평균 연령 35~36세이다. 먼저 아동문학자로 참신한 작업을 계속하고 있는 하나오카 다이가쿠花岡大學(1909~1988), 나카가와 마사후미中川正文(1921~2011)가 있다. 데라우치 다이키치, 이시하마 쓰네오石浜恒夫(1923~2004), 요시다 사다이치吉田定一, 시미즈 쇼지로清水正二郎(1925~1994, 필명 구루미자와 고시[胡桃沢耕史]), 오모리 가이스케大森貝介의 작가 이력은 이미 알려드린 바와 같다.

이 밖에 세라 게이이치로世羅啓一郎(세가와 다모쓰), 쓰쓰미 세이지堤清二(1927~2013, 필명 쓰지이 다카시[辻井喬]), 나다 아키라灘秋良, 이시하마 다다오石浜典夫, 마루야마 이와네丸山石根, 오히라 요스케大平陽介, 사토 가즈오佐藤和王, 야마모토 아키요山本明代, 고바야시 유미코小林由美子, 모로호시 류諸星龍, 시바 료타로 등이 있다. 세라는 산케이(오사카) 문화부 차장으로 창작 경력 10년, 쓰쓰미는 세이부西武백화점 사장으로 오랜 작가 이력을 갖고 있다. 시바는 제8회 고단클럽상 수상자로 갑자기 소설을 써야지 하고 생각한 이상한 사나이. 또 이상한 사나이로 모로호시는 강석사講釈師(야담가-역주)이다. 마루야마 이와네는 일전日展(일본미술전람회-역주) 특선 후보인 일본화가, 이시하마와 사토는 신문기자, 오히라는 도쿄작가클럽 회원, 야마모토와 고바야시 둘은 주부와 아가씨 사이에서 배회하고 있는 뭔가 탁월한 여인. 나다는 최연소이지만 장래 큰 가능성을 가진 사람. 모든 동인은 동료끼리 정선精選했다."

후에 구로이와 주고黒岩重吾(1924~2003), 이토 게이이치伊藤桂一(1917~2016), 나가이 미치코永井路子(1925~ ), 오자키 호쓰키, 미우라 히로시 등이 참가했다.

구로이와는 『근대설화』 참가 권유를 받고 상당히 긴장하며 시바와 만났다고 한다. 『수도산업신문』이라는 업계지 기자였던 구로이와에게 전국지 문화부 차장은 우러러보는 존재였다. 게다가 동인지 주재자라고 하니 까다로운 사람일 것이라는 인상이 있었다.

그런데 첫 대면에서 '사람 좋다'고 불리는 시바의 웃는 얼굴에 반하고 말았다.

시바는 "동인이 된 이상 『근대설화』는 나의 잡지라고 생각해주길 바란다"고 했다. 요릿집에서 작가관과 소설관을 들으면서 이유도 없이 감동하며 엉망으로 취했다고 구로이와는 시바 료타로를 추도하는 「그때의 일」이라는 글에서 쓰고 있다.

여하튼 『근대설화』 동인은 지금에 와서 보면, 모아야지 한다고 모을 수 있는 사람들이 아닌 쟁쟁한 면면이었다.

그리고 시바 료타로가 『올빼미의 성』으로 1959년 하반기 나오키상을 수상했던 것을 시작으로 데라우치 다이키치, 구로이와 주고(모두 1960년 하반기), 이토 게이이치(1961년 하반기), 나가이 미치코(1964년 하반기), 구루미자와 고시(1983년 상반기) 등 6인의 나오키상 수상 작가를 낳았다.

전후 문학을 이야기할 때 『근대설화』는 빼놓을 수 없는 큰 존재이다.


그건 그렇고, 동인으로부터 회비를 받지 않는 것이 원칙이었기 때문에 『근대설화』는 출발 당시부터 돈이 없었다. 그래서 후지사와 다케오, 곤 도코今東光(1898~1977), 겐지 게이타, 가이온지 초고로 등 인기작가가 도움을 주었다. 데라우치 다이키치의 기억으로는 한 사람당 2만 엔 정도 자금을 모아주었다고 한다. 시바도 『명언수필 샐러리맨』의 인세와 『페르시아의 마술사』로 받은 상금을 냈다.

스폰서도 찾았다. 이는 전적으로 세가와 다모쓰가 맡았다. 문화부 데스크로서 연줄을 이용해 우메다화랑, 요리연구가 도이 마사루土井勝(1921~1995)가 원장으로 있는 간사이요리학원, 마쓰자카야 드레스메이커 여학원 등이 광고를 실었다. 여자단기短期대학을 경영하는 오사카 세이케이成蹊학원의 시카나이 겐조鹿內建三는 끝까지『근대설화』를 지원해주었다.

표지 컷은 시바가 친밀하게 지낸 화가 미기시 세쓰코가 그렸다. 세가와가 간직하고 있는 제1호를 보여주었는데, 동인잡지가 아니라 상업 잡지라고 해도 전혀 손색이 없는 장정이었다.

만듦새에 자신이 있었던지 편집 후기에 시바는 이렇게 쓰고 있다.

"대금은 70엔이다. 이는 70엔을 받지 않으면 경영할 수 없다는 것보다도 이 잡지에 실은 소설처럼 재미가 있다면 우선 70엔은 읽는 값으로 받아야 한다고 생각하기 때문이다. 다만, 만에 하나 재미가 있지 않더라도 수속이 번잡하므로 관람료는 돌려드리지 않습니다."

당시 물가를 조사해보니 주간지나 커피 한 잔 값과 거의 비슷하다. 오사카에선 기본 오코노미야키를 먹을 수 있었다.

동인잡지를 만들자고 첫 모임을 한 때부터 1년 3개월이 지났다. 짧은 기간인 듯하지만 이런저런 곡절이 있었다. 무엇보다 시바 자신의 작품에 대한 고집이 제1호 발간을 예정보다 늦추게 된 원인이 됐다.

『근대설화』제1호에 시바 료타로는『고비사막의 흉노』를 발표하지만, 이 작품은 이미 완성한 작품을 버리고 다시 쓴 것이었다.

데라우치 다이키치가『악마의 복음』을 완성해 오사카에 왔을 때 시바도『근대설화』에 실을 작품을 써놓았다.

서로 작품을 빨리 비교해 읽고 싶어서 타고 있던 한큐전차가 마침 정차한 주소十三역에 내려 여관으로 들어갔다. 이른바 온천 마크 여인숙으로 남자 둘이 함께 들어오니 주인이 이상한 눈으로 보기는 했지만, 그런 일에는 상관하지 않고, 이부자리가 깔린 4첩반 방에 들어갔다. 이불 속에 기어들어가 서로 작품을 읽는 중에 시바가 벌떡 이불을 차버리고 외쳤다.

"그만두자. 내 건 다시 써야겠다. 1개월만 (『근대설화』의) 발행을 늦춰주시게."

시바는 고민하고 있었다.

『페르시아의 마술사』로 고단클럽상을 수상한 후 출판사로부터 두 번째 작품 주문을 받았지만 생각처럼 쓸 수 없었다. 소설이라는 것을 알 수 없게 되어버렸다.


"쓰지 않으면 안 된다는, 안으로부터 넘쳐나는 것이 없어요. 그저 단순히 머리로 쓰는 것뿐이니 막혀버린 것이지요. 이를테면 발효해야 하는 곰팡이가 없었던 것입니다. 이 곰팡이는 재능과는 다릅니다만, 이것이 없으면 자신의 소설이란 것을 쓸 수 없고, 더구나 작가가 될 수 없어요."

그래서 마음을 다잡고 더 이상 남의 비평 따위는 신경 쓰지 않고 천하제일의 악작惡作을 자부하면서 쓴 것이 『고비사막의 흉노』였다.

데라우치와 약속한 한 달로는 무리였지만 "다 썼다"고 신난 목소리로 도쿄에 전화를 걸었다.

"그래. 그러면 곧 인쇄할 수 있겠네."

수록해야 하는 다른 작품은 모두 들어와 있었다. 하지만 그래도 제1호가 나오기까지는 더 시간이 걸렸다.

동인잡지 창간호로서는 모험적으로 1,500부를 찍었는데, 완성된 잡지를 점검해보니 여러 곳에 오식이 있는 게 아닌가. 오류투성이로는 상품이 될 수 없고 "이 잡지에 실은 소설처럼 재미있다면 우선 70엔은 읽는 값으로 받아야 한다"고 편집 후기에 자랑스럽게 쓴 마당에 꼴사나워졌다.

눈물을 머금고 모두 폐기처분하고 새로 인쇄했다. 시바 료타로는 『명언수필 샐러리맨』으로 받은 인세를 『근대설화』 발행에 쏟아부었는데, 인쇄를 다시 하는 바람에 거의 전부 날려버렸다.

그런데 의기양양했던 것과 달리 『근대설화』는 별로 팔리지 않았다고 한다.

제7호 편집 후기는 이렇게 투덜거리고 있다.

"실제로 이런 잡지, 그만하고 싶다. 처음 기획했던 때는 다소 재미있었는데, 하다가 보니 귀찮은 일이 먼저 일어났다. 특히 제1호를 오식 때문에 버렸을 때 아주 귀찮은 일을 저지른 것이군 하고 생각했다."

## 가장 좋은 파트너

시바가 세상을 떠난 후에도 생전 모습 그대로 있는 히가시오사카시 자택 서재에는 완만한 L자형 사무용 책상이 놓여 있다. 폭 2m 가까운 큰 책상이다. 허가를 얻어 책상에 다가가보니, 자료를 펼쳐놓고 원고를 쓰기에 적절한 형태다. 자신이 디자인을 생각해 특별히 주문한 것이라고 한다.

책상 모서리에 애용한 만년필과 나란히 잘 깎아놓은 여러 색깔의 색연필이 놓여 있다.

시바 료타로의 원고는 색채가 풍부하다. 흔히 원고를 고치는 일을 "붉은 줄을 친다"고 하는데 붉은색 외에도 빨간색, 푸른색, 녹색 등 온갖 색을 썼다. 그때 사용하는 색연필이다. 삭제, 삽입, 그 나름의 사용 분류가 정해져 있는 듯하지만, 익숙하지 않은 이가 읽기엔 쉽지 않다. 편집자를 울렸겠다고 상상된다.

『근대설화』때로 돌아간다.

동인잡지 원고 외에『페르시아의 마술사』로 제8회 고단클럽상을 수상했기 때문에 신진 작가로서 몇 편의 소설을 의뢰받았지만, 회사에서 집필하지는 않았다. 신문기자와 작가를 스스로 엄격하게 구분하고 있었던 것이다.

소설을 쓰는 건 집에 돌아가 대개 밤 11시 넘어서부터였다. 침상에 들어가 엎드려 누워서 원고지를 향한다. 3장에서 4장 정도 쓰면 잠이 와서 펜을 놓는다.

다음 날 아침, 눈을 뜨면 다시 읽는다. 그리고 전날 밤 원고를 손질한다. 마음에 들지 않는 구절은 새 원고지에 다시 쓰지 않고 연필로 지우고 붉은색으로 고친다. 때로는 전혀 원형이 남아 있지 않을 정도로 달리 쓰는 적도 있었다.

신문 연재소설처럼 미리 1회분 게재 분량이 정해져 있는 경우가 골치 아팠다. 원고지가 새카매질 정도로 고치기 때문에 원고 행수를 가늠할 수가 없다. 활자로 짜보면 분량이 넘쳐서 옆에 있는 돌출광고를 빼고 집어넣은 때도 있었다 한다.

『근대설화』에는 시바 료타로, 세가와 다모쓰를 비롯해『산케이신문』기자가 몇 사람 참가하고 있었다. 당연히 회사 내에서도 화제가 되었을 것이다.

언젠가 편집국장 야마지 규조山路久三가 문화부 데스크였던 세가와를 손짓해 부르더니 봉투에 든 것을 내밀었다.

"당신들, 동인지를 한다던데. 문장 연습, 좋은 일이야."

세가와도 금액은 기억하지 못하지만, 봉투에는 지폐 몇 장이 들어 있었다. 조금이라도 보태라고 주머닛돈을 내준 것이다. 놀라기도 하고 감사하기도 했다. 편집국 내 분위기는 『근대설화』 동인들에게 따뜻했다.

훗날 시바가 『산케이신문』에 『료마가 간다』를 연재할 무렵에 사장인 미즈노 시게오水野成夫(1899~1972)가 한 달에 100만 엔이라는 당시로서는 파격적인 원고료를 제시했다. "너무 많아요. 반으로도 충분합니다"라고 사양하려고 하니 "그러면 필요한 만큼 쓰고, 나머지는 버리든지 말든지 하면 돼"라고 했다는 유명한 에피소드가 있다.

『료마가 간다』의 원고료는 다음 작품을 쓰기 위한 자료를 구입하는 데 충당했다고 한다.

신문소설이 부수를 늘리기 위해 팔리는 물건이었다는 건 확실하지만, 재능에 대한 투자는 아끼지 않았다. 그런 시대가 작가 시바 료타로를 길러냈다고 말해도 좋다.

1959년 1월 시바 료타로는 문화부 동료였던 마쓰미 미도리松見みどり(1929~2004)와 결혼한다.

『주부의 친구』에 쓴 「나의 애처기愛妻記」가 재미있다. 프로포즈 부분을 발췌한다.

"—이봐.

이렇게 부르면서, 내가 우리 생애에서 가장 중요한 일을 발언한 때는 한여름의 해 질 녘이었다고 기억한다. 여기에서 정확히 쓰는 건 부끄럽기에 싫다.

장소는 당시 내가 있던 신문사 근처에 있는, 사쿠라바시라는 시전市電(시가 운영하는 전차-역주) 정류소였다. 우리는 많은 인파와 함께 안전지역에서 전차를 기다리고 있었다.

'이봐, 당신. 나의 신부가 될 생각은 없나?'

나는 그때 그런 의미의 말을 예의바른 표준어로 말을 걸 생각이었다. 그러나 장소가 안 좋았다. 아직 해가 완전히 기울지 않아 주위가 너무 밝았다.

'엥?'

하고 얼굴을 든 사람은 군중들이었다. 나의 목소리가 너무 컸다.

모두가 내 쪽을 보고 있었다.

모든 시선이 히죽히죽하면서 호기심에 가득 차 있었다. 게다가 그 시선들은 일단 나를 본 다음 천천히 움직여 나와 함께 서 있는 여성의 얼굴로 가서 박혔다.

'상대가 이놈인가' 하는 것이었다.

다음 순간, 내게는 매우 불행한 사건이 일어났다.

그 여성은 퉁명스럽게 옆을 향한 채 새침한 얼굴을 하고 있다. 다만 얼굴이 새빨개져 있었기에 이 극 중 주요 인물을 그녀가 맡고 있다는 걸 누가 보아도 알 수 있었다.

'이봐, 이봐.'

나는 여세를 몰아 더 말을 걸지 않을 수 없었다. 그러나 그녀는 옆을 향한 채 그대로였다.

나야말로 꼴좋게 됐다. 모두, 더위에 머리가 잘못된 남자가 혼잣말을 하고 있다고밖에 생각하지 못했을 것이다.

드디어 전차가 왔다.

우리는 얼굴이 빨개져서 전차에 탔다.

'장소가 말이죠.'

라고 한 후 그녀가 말했다.

'안 좋았어요.'

어느 쪽이 창피를 주었는지는 알 수 없지만, 그녀는 이렇게 답했다. 그것이 뭐, 구혼을 수락한다는 말이었다."


정말 서투른 프로포즈다. 훗날 대작가가 되는 이의 이런 면을 보면 뭔가 흐뭇하게 생각된다.

사내외 친한 친구들에게 결혼을 알리면서, 식을 조촐하게 하고 싶다는 상담을 세가와 다모쓰에게 했다. 어딘가 눈에 띄지 않는 적당한 장소는 없을까 하는 것이었다. 회사에서 떨어진 호텔을 소개했는데 당일 식장에 가서 보고 놀랐다. 입구에 '세가와 씨 자리'라고 씌어져 있었다. 타고난 준비성이었다.

마쓰미 미도리는 유능한 여기자였다. 글을 잘 쓰는 기자로도 알려져 있었다. 결혼 후 취재 여행에는 빠지지 않고 동행했다. 또 작품을 가장 먼저 읽는 독자이기도 했다. 그야말로 시바의 가장 좋은 파트너였다.

여담이지만 두 사람이 신혼생활을 시작한 곳은 오사카시 니시西

구의 맘모스아파트라고 불리는 공단주택(일본주택공단이 공급한 주택-역주)이었다. 옛 도사土佐번 번주의 저택이 있던 곳으로 뒤쪽에 이나리稲荷신사가 있었다. 이 아파트에서 『료마가 간다』를 집필했다는 사실에도 신기한 인연을 느낀다.


## 나오키상直木賞

점차 소설을 쓰기 위해 필요한 '발효해야 하는 곰팡이'가 생긴 것 같았다. 시바 료타로는 『근대설화』를 비롯해 『고단클럽』이나 『오모시로面白클럽』에 속속 단편소설을 발표했다.

당시 문화부 데스크로서 『오사카신문』의 연재소설을 쓰노다 기쿠오角田喜久雄(1906~1994)에게 써달라고 청탁하러 갔는데, 일 얘기를 마치고 "요즘 문단에 유망한 신인이 있습니까"라고 물었다.

쓰노다는 "시바 료타로라는 이가 재미있더라"고 답했다. 물론 당사자가 눈앞에 있다고는 모른 채 한 말이다.

작가로서 알려지기 시작했다. 그리고 중요한 작품이 탄생했다. 『올빼미가 있는 도성』(후에 『올빼미의 성』으로 제목을 바꿈)이다.

어느 날 『주가이일보』 편집국장 아오키 고지로가 찾아왔다. 『주가이일보』는 1897년 창간한 종교계 유일의 일간신문이었다. 하지만 당시 오래전부터 기자가 퇴사하거나 분열 소요로 지지자가 줄어 다시 출발하기 위해 사장으로 곤 도고今東光를 영입하고, 아오키가 편집국장이 됐다. 아오키는 신문의 성격을 바꿔 독자를 늘려야겠다고 생각했다.

시마 료타로와 아오키 고지로는 『신니혼신문』에 다니던 시절 동료로 시바가 『산케이신문』 교토지국에서 종교기자실을 출입할 때 아오키가 편집장으로 있던 니시혼간지의 잡지 『대승』의 편집국을 자주 찾았던 사이라는 건 앞서 적었다.

아오키는 시바를 만나 "연재를 하라"고 했다. 청탁이라기보다 명령조였다.

곧 도고의 소설 『산법사山法師』는 전년부터 연재하고 있어 곧 끝난다, 그 뒤를 이을 연재소설을 부탁한다는 것이었다.

"그런 신문에 소설 같은 게 필요할까"라고 말해보았지만, 아오키는 이미 정해놓고 있었다. 판매 확장에 협력하는 생각으로 받아들였다. 어차피 원고료 같은 건 기대할 수 없고, 쓰고 싶은 대로 써야지 하고 생각했다.

연재 구상은 이내 정리했다. 그렇다기보다 이전부터 줄곧 온축하고 있었던 것인지도 모른다.

후배 미우라 히로시를 점심 자리에 부른 시바는 "이번에 『주가이일보』라는 종교지에 연재소설을 쓰기로 했다"고 이야기했다.

"주제는 뭔가요?"

"닌자忍者야. 전국시대의 유일한 직업집단으로서 닌자를 쓰려고 해. 재미있는 걸 쓸 작정이야."

신문기자의 '무상無償의 공명주의功名主義'를 닌자에 덧씌운 것은 잘 알려져 있다. 특종을 했다 해도 지면에 나가는 기사에는 이름이 없다. 물질적으로도 아무런 보답을 받지 못한다. 하지만 신문기자는 특종 경쟁에, 과장이 아니라 목숨을 건다.

『산케이신문』에 입사했을 때 적어도 10년은 신문기자를 해야지 생각했던 시바 료타로였으나 그 기한은 지났다. 기자 경험의 집대성을 이 작품으로 표현하려고 했던 것은 아닐까.

연재가 시작하고 얼마 지나지 않았을 때『주가이일보』담당자였던 사가에 히로코佐賀枝弘子(1932~2003)에게 이렇게 말했다.

"사람들에게 말하고 싶은 것, 쓰고 싶은 것이 너무나도 많다. 나는 인간이 좋고, 역사상 인물이라면 그 완결된 인생을 바라볼 수 있기에 어떤 각도에서든 다가갈 수 있다."

본격적인 역사소설은 이번이 처음이었다. 시바는 '나라는 작가는 이런 유형의 소설가'인가 하고 자신을 발견했다고 한다. 그때까지 추리소설 같은 현대물도 썼지만『올빼미의 성』부터는 역사소설만 쓰게 됐다. 작가로서 나아가야 할 길을 찾아낸 것이다.

후에『나의 소설작법』에 이렇게 썼다.


"빌딩에서 아래를 내려다본다. 평소, 살고 있어 정든 마을인데도 전혀 다른 지리 풍경으로 보이고, 그 속을 작은 차가, 작은 사람이 지나간다.

그런 시점의 물리적 높이를 나는 좋아한다. 즉 인간 한 사람을 볼 때 나는 계단을 올라가 옥상으로 나가서, 그 위에서 다시 내려다보면서 그 사람을 파악한다. 같은 평면에서 그 사람을 보는 것과는

제42회 나오키상 수상작 『올빼미의 성』.

다른 재미가 있다.

잘난 척하는 것 같지만, 요컨대 '완결된 인생'을 보는 것이 재미있다는 것이다."

연재는 1년간 이어졌다. 연재 종료와 동시에 1회부터 최종회까지 스크랩이 고단샤에 보내져 『올빼미의 성』이라고 제목을 바꿔 출간됐다. 『주가이일보』 사장이었던 곤 도고가 "이게 시바 료타로의 출세작이 될 것"이라고 부랴부랴 손을 쓴 것이었다.

곤 도고가 내다본 것처럼 『올빼미의 성』은 높은 평가를 받아 나오키상 후보로 하마평에 올랐다. 본인도 기대한 듯 "아, 나오키상을 받을지도 모르겠다"고 주위에 털어놓았다. "아직 비밀이야"라고 덧붙이는 것도 잊지 않았지만.

1960년 1월 21일 제42회 나오키상을 발표하는 날. 그 직전 시바는 문화부장이 되었다.

입장이 복잡했다. 유력한 후보자의 한 사람인 동시에 신문사의 문화부장으로서는 누가 선정되더라도 그 뉴스와 수상자의 얼굴을 지면에 소개해야 한다. 미우라 히로시와 둘이 문화부에 남아서 선정 결과가 나오기를 기다렸다.

수상해도, 떨어져도 둘이 마시러 가자고 정하고 있었다. 그 모습을 보면 자신이 있어 보였다.

이윽고 전화 두 대가 거의 동시에 울렸다. 미우라가 받은 전화는 도쿄 문화부로부터였다. "후쿠다 씨가 들어 있어." 그렇게만 전하고 끊었다. 도이타 야스지戸板康二(1915~1993)의 『단주로団十郎 할복 사건』과 공동 수상이었다.

미우라는 '시바 료타로'의 프로필을 쓰기 시작했다. 얼른 축배를 들고 싶었는지 옆에서 "그런 건 빨리 써"라고 독촉했다. 당사자가 눈앞에 있으니, 그다지 쓰기 어려운 원고도 아니었다.

반 정도 썼을 때 "직접 쓰시죠. 그게 좋겠어"라고 하니 시바는 정말로 만년필을 들고 원고지로 향했다.

나오키상의 오랜 역사 가운데 수상자의 프로필을 자신이 쓴 경우는 전에도 후에도 없고 아마도 시바 료타로 외에는 없을 것이다.

나오키상 시상식에서. (도쿄회관, 1960년 2월)

그 원고를 소개한다.

　"소설보다 역사가 좋고, 역사보다 신문기자가 좋고, 신문기자보
다 노는 게 좋다는 신문기자 경력 13년으로 현재 『산케이신문』(오사
카 본사) 문화부장으로 있다.

　소년 시절부터, 동양사에서 만리장성에 끝없이 지속적으로 침략
을 계속해 끝내 사막의 밑바닥으로 사라진 오아시스 국가의 운명
에 집요한 흥미를 갖고 있다. 소설을 쓰기보다 소설을 행동하자고
생각해 외국어대 몽골어과에 다닐 때는 진심으로 마적이 되려고

생각한 적이 있다고 한다. 이런 호방함은 그 후에도 이 작가의 피 속에 숨 쉬는 이색적인 주제 중 하나였을 것이다.

불교적 미의식, 특히 원시종교가 가진 다이내믹한 상상력과 악취가 풍기는 인간 탐구에 강한 집착을 갖고 있다. 『고비사막의 흉노』, 『도솔천 순례』, 『페르시아의 마술사』(제8회 고단클럽상), 나오키상 수상작인 『올빼미의 성』(고단샤 간행) 등 작품 외에도 『오사카 사무라이』(도호샤 간행)와 『주간 고론』에 연재한 『가미가타上方 무사도』처럼 에도 시대 조닌町人(도시 거주 상공업자-역주) 공화국 '오사카'에 살고 있던 겨우 한 줌에 지나지 않는 무사의 존재를 각별히 여기고, 그들이 조닌에 복잡한 콤플렉스를 품으면서 시민 생활을 했던 것을 중심으로 몇 편의 인간 희극도 쓰고 있다.

청년 시절 사마천의 『사기』를 읽기 시작하면서 인생을 보았다고 한다. 참고로 필명은 '사마천에서 요원한(아득히 먼)'이라는 점에서 붙였다. 다만 사마천의 비극적인 운명까지는 닮고 싶지 않은 것 같다. 본명은 후쿠다 데이이치, 36세."


다 쓴 원고를 미우라가 편집부장에게 갖고 가니 "후쿠다 군이 받았나 보네"라고 말하며 "축하한다!"고 온 편집국에 울려 퍼질 정도의 큰 소리로 외쳤다. 하지만 시바에게 들렸는지는 알 수 없다. 벌써 코트를 걸치고 편집국을 나서려고 하고 있었기 때문이다.

시바 료타로의 나오키상 수상에 회사는 들끓었다. 하지만 자신이 과시한 적은 없었던 것 같다. 본업과 별도로 소설을 쓴 것에 대

나오키상 수상 파티에서 심사위원과. 왼쪽부터 겐지 게이타, 가와구치 마쓰다로, 도이타 야스지(공동 수상자), 요시카와 에이지, 시바 료타로, 가이온지 초고로, 무라카미 겐조. (1960년 2월)

해 다소 떳떳하지 못하다는 생각을 느꼈던 듯하다.

사회부 기자로 일찍이 노동조합에서 함께했던 적이 있어 친하게 지낸 와타나베 시로渡辺司郎(1928~2004)가 "아저씨, 역시 내직內職은 안 돼"라고 심한 말을 하자 "그렇게 말하지 마. 이것도 공부야"라고 화난 듯이 응수했다.

와타나베는 고치高知현 출신으로 후에 시바가 신문소설을 청탁 받았을 때 "도사土佐에는 사카모토 료마라는 이가 있어. 이걸 써줘"라며 지역의 위인을 주제로 권해 『료마가 간다』의 계기가 된 것과 동시에 시바가 료마를 그리는 모델로 삼았던 인물이다.

한편 문화면 연재로 함께 일을 했던 사진기자 이노우에 하쿠도는 후쿠다 데이이치와 나오키상 수상자 시바 료타로가 동일 인물이라는 것을 알지 못했다.

수상 파티를 취재하라는 지시를 받고 이노우에가 파티 장소에 가 보니 후쿠다가 있었다. 문화부장이니 참석하는 게 당연하겠지 하고 생각해 수상자를 찾아봤지만 좀체 발견할 수가 없었다. 그러다 후쿠다의 가슴에 장미꽃이 꽂혀 있는 걸 알아챘다고 한다.

나오키상 수상이 결정된 날 밤, 미우라는 자주 가는 바에서 시바와 이런 얘기를 주고받았다.

"이제 계속해서 소설을 써야겠네요."

"당연하지."

그 표정에서 결의를 읽어낼 수 있었다.

1년 후 시바는 『산케이신문』에서 퇴사하게 된다. 마지막 보직은 출판편집국 차장(부국장)이었다.

제 6 장

해외에서 취재

차 마시고 가라

시바 료타로는 평생 신문기자였다. 달리 말하면 신문기자의 혼을 줄곧 지닌 사람이었다.

서장에서 이렇게 썼다.

만년에 한 달에 한 번 『산케이신문』에 연재한 『풍진초』도 "풍진초라는 것은 잡담 같은 세상 이야기다"라면서 "신체발부身體髮膚에 직접적인 것만 쓴다"고 선언하며 시작했지만, 그렇게는 되지 못했다.

시바는 언제나 일본이라는 나라의 이상적인 상태를 고민했다. 격동하는 세계, 빈발하는 대사건 앞에서 "신체발부에 직접적인 것만" 쓰게 되지는 못했다. 마지막이 되었던 1996년 2월 12일 자 『풍진초』가 '일본에 내일을 만들기 위하여'라는 제목을 달고 마침 논란을 빚던 주센住專(주택금융전문회사-역주)에 공적자금을 투입하는 문제를 거론한 것은 평생 신문기자였다는 것을 단적으로 말해준다.


1973년 4월 1일부터 2주간 시바 료타로는 베트남을 방문한다. 정확히 말하면 당시 남베트남(월남-역주)이었다.

『산케이신문』 오사카 본사 문화부장이던 무렵 시바와 만났던 후쿠이 다다오福井忠男는 "문필가로서 고민하고 있는 것처럼 보였다"고 회고한다.

그해 1월 파리에서 열린 미국, 남베트남, 북베트남, 남베트남임시혁명정부 4자에 의한 평화 협의가 드디어 합의를 이루고 정전협정이 조인됐다. 3월 29일에는 남베트남에 주둔한 미군이 철수를 완

료했다. 뒷배를 잃은 남베트남 정부가 붕괴하고 베트남이 통일되기에는 아직 2년이 더 걸리지만, 베트남전쟁은 이 시점에서 사실상 해방전선(남베트남의 공산계열 반정부 게릴라 정치단체-역주)과 북베트남 측의 승리였다.

베트남전쟁은 일본 지식인에게도 커다란 영향을 미쳤다. 미국의 본격 개입으로 수렁이 되었을 때 일본에서는 1970년 안보 관련 전공투全共鬪 운동(미일 안전보장 조약에 반대하는 반정부 반미 운동-역주)이 고조되고, 더욱이 대학가의 학원 분쟁이 전국적으로 파급됐다. 베트남전쟁을 '인민의 싸움'으로 자신들에게 치환하여 젊은이들은 기성 질서로부터 해방을 부르짖었다. 일본만이 아니라 세계가 열기에 휩싸인 '정치의 계절'이었다.

지식인이라고 불리는 사람들은 좋든 싫든 베트남전쟁에 대한 태도를 밝히도록 요구받았다. 적극적으로 전장戰場에 나가 발언한 작가나 저널리스트도 적지 않았다. 그중에서도 미국의 군사 개입을 제국주의라고 비난하고 해방전선 측을 펀드는 베헤이렌ベ平連(베트남에평화를!시민연합-역주)의 주장이 위세를 떨치고 있었다. 그것이 시대의 조류였다.

베트남전쟁이 그런 것이 아니었다는 사실은 역사가 증명하고 있다. 해방전선은 북베트남의 위장에 지나지 않았고, 공산주의 국가로 통일된 베트남으로부터 대규모 난민이 자유를 찾아 빠져나왔다. 베트남전쟁은 결코 '인민의 싸움' 같은 것이 아니었다.

'문필가로서의 고민'을 품고 있던 시바 료타로에게 『산케이신문』으로부터 베트남 기행 기획이 들어왔다.

자신의 발과 눈으로 확인하는 것은 신문기자의 기본이다. 역사소설을 쓸 때도 먼저 현장을 찾는 것부터 시작한다. 그리고 방대한 자료를 분석하고 사색한다. 그것이 시바의 스타일이다.

이보다 조금 전에 교토대학을 찾아갔다. 학원 분쟁이란 어떤 것인가, 자신의 눈으로 보지 않고서는 말을 할 수 없다. 일찍이 교토대학 기자실에 적을 두었던 쇼와 20년대(1945~1954년-역주) 중반, 좌익 학생의 운동을 '의화단 같은 것'이라고 간파했지만, 언제나 냉정하게 시대를 꿰뚫어보았다.

후쿠이는 시바가 '차 마시고 가라'라는 선불교 용어를 즐겨 쓴 것을 기억하고 있다. 행동하기 전에 먼저 차를 마시는 것처럼 여유를 가지고 마음을 안정시킨 후에 임한다는 의미다.

베트남 기행 기획에 대해서도 역시 충분히 '차 마시기'를 했던 것 같다.

"나는 생각한다. 일상성이 얼마나 소중한가. 작가로서 독자적인 시점으로 바라보고, 생각하고, 호소해야 한다고 생각한다."

이렇게 후쿠이에게 말했다. 의뢰를 수락했던 것이다.


베트남에서 생각하다

베트남에는 시바 료타로, 아내 미도리와 함께 사이공 특파원으로 일한 적 있는 도모다 세키友田錫(1935~2018), 오사카 본사 문화부의 나카노 교지中野喬二, 전직 사진부원 이토 구미코伊藤久美子 세 사람이 동행했다. 사이공에서는 특파원인 곤도 고이치近藤紘一(1940~1986)가 일행을 맞았다.

모두『산케이신문』사람들로 시바는 편안하게 여행을 즐긴 것 같다. "나의 반평생에서 이때 베트남을 다닌 짧은 기간만큼 즐거운 시간은 없었던 것처럼 생각된다"고까지 말하고 있다.

반면 도모다는 매우 긴장했다고 한다.

정전협정이 성립해 미군이 철수했다고는 하지만 각지에서는 여전히 전투가 계속되고 있었다. 베트남을 잘 아는 도모다가 보기에 아직 전쟁이 한창이었다. "여하튼 시바 씨가 안전하게 여행을 마치게 할 것. 나는 체재 중 그것만 생각하고 있었다"고 한다.

시바는 그런 걱정은 상관하지 않고 정력적으로 취재하고 다녔다. 자동차로 메콩 삼각주로 가던 도중, 어느 다리를 건널 때 이토가 카메라를 들이대자 정부군 병사가 심각한 얼굴로 제지했다. 해방전선이 출몰하는 지역에서 전략구조물인 다리는 촬영 금지였던 것이다.

그때 상황을 시바는 다음과 같이 썼다.

"메콩으로 가는 길에 다리라는 다리는 모두 수비대가 지키고 있었다. 옛 일본군 병사였던 감각으로 보면 얼굴도 동작도 힘없이 축 늘어진 병사들이 옛 일본군과 비교할 수 없을 정도로 위력적인 개

인 병기를 지니고 서 있거나 자고 있거나 하고 있다. (중략)

병사들은 사이공의 번영, 혹은 장래에 번영할 어떤 것을 '적'으로부터 지키고 있다. 지키고 있는 '어떤 것'을 잘 알지도 못한 채(라고 생각하지만) 지키고 있다.

나는 노몬한 사건(1939년 만주와 몽골 국경 지역인 노몬한에서 일본군과 소련·몽골군이 충돌한 사건-역주) 때는 아직 중학생이었지만, 그 후 병사가 되어 관동군에 소속됐다. 그리고 '일본군의 생명선인 만주'에 있었고, '일본제국'이라는 꿈에서 보면 연기 같은 '허구'를 목숨 걸고 지키게 되었지만, 이 사이공 정권의 병사들은 메콩의 도로에서 어떤 '허구'를 지키고 있는 것인가.

그런데 베트남, 특히 남베트남 사람은 원래 이런 허구에 길들여져 있지 않다. 그저 먹고 자고 적당히 일하는 인간 냄새 나는 무리들이고, 허구에 순치된다는 부분이 적은, 요컨대 자연 그대로의 인간인 것이다. 이런 무리들이 허구에 크게 고양되어 다리를 지키고 있으리라고는 전혀 생각하지 못했다."

베트남 기행은 『산케이신문』에 연재된 후 『인간의 집단에 대하여—베트남에서 생각한다』라는 제목으로 출간됐다.

오래 국제 뉴스 보도를 다뤘던 도모다는 이 『인간의 집단에 대하여』라는 제목에 대해 "전쟁이라는 사회와 정치의 거대하고 폭력적인 움직임을 인간 집단의 운동이라는 시각에서 본다. 세계에서 수만 명의 저널리스트와 문필가가 베트남전쟁에 대해 썼지만 이렇게 참신한 분석이 있었던가" 하고 감탄하고 있다.

『인간의 집단에 대하여』는 탁월한 르포르타주이면서 사색의 책이다. 시바의 시선이 베트남전쟁의 본질을 어떻게 꿰뚫고 있는가는 다음 글을 읽어보면 깨달을 수 있을 것이다.


"전쟁은 보급이 결정한다. 보급이 상대보다 심각하게 열악해질 때 전쟁은 종료된다. 옛 일본군은 태평양전쟁에서 상대국의 공습에 군수공장이 괴멸되었을 때 괴멸되었다. 그 이전에 무수한 전선에 보충해야만 하는 병사와 병기를 보내기 위한 선박이 사라져버리고, 연료도 밑바닥을 드러내기 시작했다. 결국에는 국내에 기아 상태가 일어났다. 전쟁은 그 원칙대로 끝나야 할 때가 와서 끝났고, 우리는 패했다.

그러나 베트남전쟁에는 그런 원칙이 없다. 그 원칙이 전쟁이라는 인간 사회의 이상한 운동의 일정한 생리인데, 그런 생리를 가지지 않은 이상, 베트남전쟁은 전쟁(내란을 포함)이라는 정의에서 멀리 떨어진 다른 어떤 것이다. 하노이에도 사이공에도 밀림 속 해방전선이건 간에 자기 스스로 무기를 만드는 공장을 갖고 있지 않다. 그들이 스스로 만든 무기로 싸우는 한 반드시 전쟁이 끝나는 시기가 온다. 그러나 베트남인들이 저지른 바보 같은 짓은 자신들이 만든 무기가 아니라 적과 아군 모두 타국에서 그것도 무료로 제한도 없이 받은 무기로 싸워온 것이다. 이 경탄할 만한 기계 운동적인 상태를 대리전쟁이라고 하는 간단한 표현으로 끝내서는 안 된다.

지는 것조차 할 수 없는 기계적 운동을 하고 있는 이 같은 인간 환경을 어떻게 이해해야 하는 것인가.

대국大國은 확실히 좋지 못하다.

그러나 그 이상으로 좋지 못한 것은 이런 환경에 자신을 몰아넣은 베트남인 자신이라는 사실을 세계 인류가 인류의 이름으로 채찍질하지 않는다면 어찌할 수가 없다. 사람들이 베트남인 중 어느 편에 더 짙은 정의가 있다고 하여 그쪽을 목소리 높여 지원하는 한, 이 바보 같은 기계적 운동은 영구적 운동처럼 끝나지 않을 것이다."

베트남인에 대해 대단히 가혹한 것으로 생각되지만, 인간을 좋아한 시바 료타로는 베트남 민중 사이에 들어가 따뜻한 시선을 보냈다.

다음은 취재를 옆에서 관찰한 도마다의 회상이다.

일본어를 할 줄 아는 초로의 베트남인이 메콩 삼각주로 갈 때 합류했다. 야자 숲에 둘러싸인 촌락이 있었는데, 그중 한 집이 마침 이 베트남인의 숙모 집이었다. 그는 여기에 온 것은 20년 만이라고 하면서 "잠깐 들렀다 가시죠"라고 권했다. 집 옆에는 품위 있어 보이는 노부인이 나와서 20년 만이라고 하는데도 놀란 기색 없이 싱긋 웃었다. 그리고 조용히 의자를 권했다.

시바는 이 노부인의 대접에 감동했다. 여러 가지로 조심스러운 옛날 일본인과 똑같았다고 한다.

"이런 무심한 몸짓과 표정에서 그 민족의 문화의식이 나오는 거야."

돌아오는 차 안에서 되새기는 것처럼 말했다.

정보부의 어느 하급 직원은 하노이에서 나고 자랐다. 토박이 북베트남 사람이었다. 1940년대 전반, 일본어를 조금 할 수 있어서 일본군에 고용되었다. 이윽고 프랑스에 대항한 독립전쟁이 벌어져 1954년 제네바 협정으로 북쪽은 사회주의 정권이 되었다. 일본군에 협력한 과거 때문에 처형되는 것을 두려워해 함께 가길 꺼리는 노모를 모시고 남으로 도망쳤다. 그때 갖고 온, 하노이에서 입었던 두툼한 옷을 언젠가 북쪽으로 돌아갈 날을 꿈에 그리며 매년 벌레 먹지 말라고 햇볕에 말리기를 계속했다고 한다.

그 신세타령을 들으며 시바는 생각에 잠겼다. 베트남전쟁의 역사에 대해 생각을 달리한 것 같다.

"사이공 인구는 300만 명이라고 하는데, 300만의 무거운 인생이 그곳에 있다는 것을 문득 생각했을 때 호텔에서 자다가 벌떡 일어나고 싶은 충동을 누르지 못한 적이 있다."

취재를 도와준 베트남인 운전수가 공항에서 헤어질 때 "다음 달은 미국 기자에게 고용되어 전장으로 간다"고 귀띔했다. 시바는 갑자기 걱정스러워져서 어떻게든 그만두게 하려고 2주간 취재로 느꼈던, 베트남인이 깊이 믿는 미신에 호소하기로 했다.

며칠 전 사이공 시내 절을 찾았을 때 운전수는 '오미쿠지(길흉을 점치는 제비뽑기-역주)'를 뽑았는데 한자로 써 있어 시바가 대신 읽어주었다. 오미쿠지에 쓰인 글자는 '흉凶'이었지만 운전수가 실망하면 안 되겠기에 당시에는 얼버무렸다.

공항에서 시바는 "실은 말야" 하며 오미쿠지의 실제 내용을 밝혔다. 전장 취재에 동행하면 나쁜 일이 생긴다고 생각하게 하려고 한 때문이다. 운전수는 안색이 확 바뀌었다.

"이런 상태라면 전장에 가는 것은 거절해야겠네."

나중에 시바는 안도하는 표정을 지었다고 한다.

돌아오는 비행기 안에서 옆에 앉은 도마다에게 "신문기자는 화성인의 눈과 토착민의 눈 양쪽을 갖고 있어야 해"라고 말했다. 대국적인 관점과 서민의 감각 모두가 중요하다는 마음가짐을 후배에게 전하고 싶었을 것이다.

도모다는 시바 료타로라는 인물을 이렇게 본다.

"사회라는 메커니즘과 이를 움직이는 인간의 헛됨과 망동과 욕심을 외과수술 달인처럼 냉정하고 예리하게 해부한다. 결코 대상에 빠지지 않는다. 그리고 기성의 관념에 구애받지 않고 자신의 메스로 잘라낸다. 놀랄 만한 지성을 가진 사람이다."

정말로 시바에 대한 적확한 평이라 할 수 있다.

베트남 취재는 시바 료타로에게도 얻은 것이 많았던 듯하다. 귀국해서 불과 10여 일 만에 쓰고 싶다는 마음을 억누르지 못한 듯이 신문 연재가 시작됐다.


대만 기행

베트남 여행과 함께 저널리스트 시바 료타로에게 중요한 여행이 있다. 1993년 1월을 시작으로 한 세 번의 대만 방문이다.

안내를 맡은 이는 당시『산케이신문』타이베이 지국장 요시다 노부유키吉田信行(1941~ )였다.『주간 아사히』의『가도를 간다』취재였지만, 당시 일본의 신문사로는『산케이신문』(그리고 자매지『일본공업신문』)만이 타이베이에 지국을 설치했던 관계로 측면에서 협력하게 되었다. 1998년 가을 이후 산케이의 중국총국 개설과 더불어 아사히를 비롯한 일본의 신문사 및 통신사, NHK가 타이베이에 진출했다.

시바를 맞이한 요시다는 왜 이런 시기에 시바가 대만에 왔을까 이리저리 생각했다.

당시 일중문화우호협회의 중진이었던 것만으로 '시바와 대만'이라는 조합은 베이징으로서도, 타이베이로서도 '돌에 꽃이 피었다(있을 수 없는 일이 일어났다)'고 느꼈던 것은 아니었을까.

정치적으로 미묘한 풍파를 일으킬 가능성을 생각하면 뭔가 커다란 목적이 있는 듯한 기분이 들지 않을 수 없었기 때문이다.

대만 방문의 목적에 대하여 시바는 어느 모임에서 이렇게 설명했다. 아니, 진짜 목적을 설명하지 않았다고 해야 하는지도 모른다.


"(오사카외국어학교의) 동창인 진순신陳舜臣(1924~2015) 씨가 '대만은 아직이야?' 하고 나에게 말했습니다. 진순신 씨의 말은 늘 짧아요. 『가도를 간다』에 아직도 다루지 않았느냐는 의미입니다. 그래서 간 것입니다만, 대만 사람들에게 '대만은 처음입니다' 하고 말하면 여행을 좋아한다고 들었는데 왜 '대만만 오지 않나' 하고 질문을 받습니다. 대답하기가 군색해서 에도 시대 센류川柳(5·7·5 음으로 이뤄진 일본의 정형시-역주)를 인용해 '고향 땅으로 돌아가는 육부六部(66부를 줄인 말. 일본 전국 66곳에 법화경을 1부씩 넣으면서 기원하는 순례 여행을 하는 승려를 말한다-역주)는 마음 약해져'라고 했습니다. 당시 육부라는 편력자遍歷者가 있었습니다. 육부가 나이 들면 고향에 들르고 싶어집니다. 그래서 일본에 가까운 대만에 오고 싶어진 것입니다. 육부라고 말하면, 두세 사람이 크게 웃을 정도로 이 땅에 나이 든 분들은 수준 높은 일본어를 이해하는 이들이 많습니다. 하이쿠 시인(俳人)도 와카 시인(歌人)도 있습니다. 황실 팬도 있어요. 고사족高砂族(대만의 산지에 거주하는 원주민) 사람들 다수는 지금도 일본어를 쓰며 생활하고 있어요. 그래서 어떻다는 게 아니라 이 연령층이 앞으로 10년 지나면 적어질 것을 생각하면 잃어가는 내 자신과 그들의 '같은 고향'을 서로 건강할 때 확인해두고 싶은 것뿐입니다."

  정말로 노스탤지어(향수)라는 이유만으로 대만이라는 정치적으로 지극히 복잡한 곳에 발을 들여놓은 것일까. 그렇지 않을 것이라는 게, 요시다의 '가설'이다.

  뛰어난 기자는 뉴스를 뒤쫓는 게 아니라 앞질러서 뉴스를 낚아챈다. 언제든 좋은 게 아니라 1993년 1월이어야만 했던 전략적 이유가 있었던 것이라고 생각했다.

  시간 순서대로 따라가보면 분명하다.

  시바 료타로가 처음 대만을 방문하기 직전, 즉 1992년 12월 19일 대만의 입법원(일본 중의원에 가까운 국회) 선거가 실시됐다.

장제스蔣介石(1887~1975) 시대부터 바뀌지 않고 40여 년 의석을 지켜온 압도적 다수의 종신의원들이 리덩후이李登輝(1923~2020) 총통의 개혁으로 이미 1년 전 모두 쫓겨나, 처음으로 의원 전원을 바꾸는 대만 정치사상 획기적인 선거였다. 결과는 161석 중 여야 합쳐 대만 본토 출신인 본성인本省人이 처음으로 다수, 그것도 대다수를 차지했다.

　시바는 이 결과를 보았기에 대만으로 갔다.

　그 시점에서 총통에 이어 '넘버 2'인 행정원장은 아직 장제스 시대에서 살아남은, 외성인外省人(중국 본토에서 건너온 사람들-역주) 세력의 정점에 있던 하오보춘郝柏村(1919~2020)이었다. 하오보춘은 2월에 개회된 입법원에서 행정원장에 재임되기를 바랐지만, 선거 결과 외성인 의원이 의회의 동의권을 얻는 데 필요한 과반수에 턱없이 미치지 못해 재선은 절망적인 상황에 몰려 있었다.

　즉 장제스가 세운 '중화제국'의 마지막 기둥이 대만에서 소리를 내며 무너져 내리는 최후의 모습을 역사가로서 현지에서 관전하려고 간 게 아닐까,라고 요시다는 생각했다.

　장제스는 1975년 세상을 떠났지만 그 영향력은 부인 쑹메이링宋美齡(1897~2003), 장남 장징궈蔣經國(1910~1988), 그리고 많은 측근들에 의해 계승되어오고 있었다. 그것은 하오보춘이 행정원장 지위 퇴진에 몰린 1993년 2월까지였다.

　시바는 3개월 뒤인 같은 해 4월에 다시 대만을 방문한다. 이때는 리덩후이 총통이 하오보춘의 후임 행정원장으로 가장 신뢰하는 본성인인 렌잔連戰(1936~ )을 앞히고 '정치의 대만화'를 실현한 바로 그 때였다.

3개월 전에 장제스의 유제遺制가 역사적으로 붕괴하는 것을 눈으로 보고, 이제 리덩후이 신시대의 밝은 개막을 또 눈으로 보고 뇌리에 새겨둔 셈이다. 중국의 긴 역사를 통해서 볼 때도 사실상의 넘버 2 자리를 이처럼 사물화私物化하지 않고, 민주적으로 선출된 의회(입법원)의 승인(동의)을 받는 절차를 통해 선출한 것은 이때가 처음이었다.

같은 해 1월과 4월의 차이에 불과했지만, 세상은 180도 바뀌었다. 시바는 '사私의 중국'과 완전히 다른 '공公의 대만'의 출현을 확인했다. 그 순간을 놓치지 않았다. 아마도 이것이 두 번째 대만 방문의 주안점이지 않았을까. 예리한 신문기자의 후각이라고밖에 할 수 없다.

이후 리덩후이 총통은 급속히 지도력을 강화해간다.

하오보춘에겐 국민당에 신설한 부주석 네 자리 중 하나만 주었을 뿐으로 사실상 실권을 빼앗고, 외성인들의 반대로 이제껏 내세우지 못했던 유엔 가입의 애드벌룬을 띄우고, 나아가 '하나의 중국'에 거스르는 형태로 '단계적 2개의 중국론'을 외교부가 언급하기도 했다. 정말로 외성인의 비호 아래서 자란 리덩후이 총통이 이를 완전히 탈피하여 자신감 있게 '리덩후이 시대'를 만들고 있었다.

시바가 세 번째 대만을 찾은 건 그때부터 1년 후인 1994년 3월이다. 이제 아무것에도 구애받지 않고 자유롭게 리덩후이 총통의 발

언을 들을 수 있는 기회가 도래했다고 본 것이다. 그 내용은 「대담」에 자세히 나와 있지만, 시바가

"한족漢族이라고 해도 대만은 대만인의 나라이지요."

라고 하자 리덩후이는

"대만인의 것이지 않으면 안 된다, 이것이 기본적인 사고방식입니다."

라고 답했다.

이를 가지고 대만 독립을 장려했다고 단정하는 것은 이르지만, 리덩후이는 '대만인으로 태어난 비애'나 '출애굽기' 같은 의미 있는 신호를 사용하여 일종의 메시지를 보내고 있다.

이를 받아 시바는 시바대로

"중국이 티베트를 그대로 자국 영토로 하고 있는 것도, 내몽고를 영토로 하고 있는 것도 주민 입장에서 보면 실로 이상하다"라고 말하며

"국가에는 적정한 크기가 있습니다. 기껏해야 프랑스 정도일까요. (중략) 베이징의 한 정부만으로 유럽 전체보다 넓은 땅을 컨트롤하는 것은 무리입니다. 어떻게 해도 거칠고 난폭한 국내 제국주의가 됩니다"라고 단정하고 있다.

시바와 리덩후이의 견해는 상당 부분에서 겹친다. 리덩후이가,

"나는 베이징이 중화민족, 대중화제국이라는 것을 만들려고 하면 아시아는 힘들게 될 것이라고 생각합니다"라고 말하면, 시바도

"대중화제국을 할 작정이면 반드시 부패합니다"라고 호응하고

있다.

요시다는 옆에서 들으면서 시바가 지금의 중화인민공화국에도 절망감을 품고 있구나 하는 인상을 받았다.

이와는 다른 기회에 대만의 젊은 세대로부터

"대만과 대륙의 향후 전개에 대해 시바 선생은 어떻게 보고 계십니까?"라는 질문을 받았다.

"이대로 간다면 대륙은 와해되겠지요" 하고 시바는 곧바로 답했다.

"중국은 11억이라고 하지만 13억 명입니다. 13억 인민을 돌보는 정권이 사라지면 어떻게 되겠습니까. 그런 정권은 덩샤오핑 후엔 나오지 않는다고 생각합니다. 어찌하면 좋을까. 걱정하지 않을 수 없는 것은 중국인에게 밥을 먹이는 일입니다. 리덩후이 선생에게, '그렇게 되면 대만은 베이징을 지원할 것입니까' 하고 물었더니 손을 가로저으며 거절했지요. 대만이 우위에 서 있는 것은 정치도 군사도 아닙니다. 경제입니다. 경제에는 문화가 따라옵니다. 돈이 생겼기 때문에 대만 사람들은 미국의 사고방식이나 프랑스 회화를 알고 있지요. 여자들의 패션이 20년 전 것이 아니라 현대적인 것이 문화입니다. 지금 중국 대륙은 농촌에 가면 40년 전 그대로입니다. 저는 충격을 받았습니다. 소박한 것이지요. 파산할 경우 어디서 책임을 질까. 그렇다고 해서 돌보면, 돌보는 쪽이 죽는다. 소말리아라면 끝까지 돌볼 수 있지만, 중국이라면 세계는 파멸하지 않을까. 세계에 홍수가 일어납니다. 이데올로기라든가 반공이나 용공이라든가 하는 시대는 지났습니다. 대만은 여기까지 성장했습니다. 에고이즘이 아니라 '중국은 잘해주길 바라'라고 할 수밖에 없다. 광둥공화국, 쓰촨공화국이 생길지도 모릅니다. 그것이 평화롭게 진행된다면 말할 것도 없고."

시바 료타로는 1993년 1월 처음으로 대만을 찾은 시점에서 와해하는 중국의 이미지를 떠올린 것이다. 동시에 눈앞에서 붕괴하고 있는 장제스의 유제를 목격했다. 이로부터 중국과 대만의 미래가 어떻게 전개될 것인가. 누구보다 실권을 확립한 리덩후이 총통과 의견을 교환하고 싶었던 것이 아닐까. 그것이 세 번째 대만 방문이 되어 「대담」으로 결실을 맺었을 것이다.

세 번째이자 마지막이 된 대만 방문을 끝내고 오사카에 돌아온 후 시바는 타이베이에 있는 요시다 노부유키에게 전화를 걸었다.

"리덩후이 씨는 각오를 다졌다고 생각합니다. 이미 리덩후이 씨는 쑨원孫文(1866~1925)이나 장제스를 버렸어요. 일부 사람들이 이욕利欲 때문에 숭상하고 있을 뿐입니다. 리덩후이 씨는 20년 정도는 기다리겠지요. 그때 리덩후이는 이 세상에 있지는 않겠지만…. 리덩후이 씨는 이제 베이징이나 외성인의 귀에 거슬리는 말을 해도 좋을 것입니다."

리덩후이 총통은 1999년 5월에 『대만의 주장』(PHP연구소 간행)을 저술해 "중국은 광대한 중화로부터 벗어나 7개 정도 지역으로 나눠 서로 경쟁하는 것이 좋다"고 써 충격을 주었다. 그러나 이는 시바 와의 '대담'에서 파생해 나온 것이다. 이어 두 달 후인 1999년 7월에 는 독일 대외공공방송과 가진 인터뷰에서 중국·대만 관계를 "특수 한 국가와 국가의 관계"라고 규정해 베이징을 놀라게 했다.

요시다는 "리덩후이 씨는 이제 베이징이나 외성인의 귀에 거슬 리는 말을 해도 좋을 것입니다"라고 전화로 말했던 시바의 목소리 가 귀를 떠나지 않는다고 했다. 그 전략안과 통찰력은 시바가 천성 적으로 저널리스트라는 사실을 웅변적으로 말해준다.

시바와 리덩후이 대담은 『주간 아사히』에 게재되었다. 그 내용은 대만과 중국의 앞날에 커다란 의미를 갖는 것임에도 『산케이신문』 을 제외하고 일본의 신문은 거의 보도하지 않았다.

시바는 쓴소리를 했다.

"일본 신문기자의 감도感度가 무딘 것 같은 생각이 드네요. 『주간 아사히』라는 타사의 기획이기에 쓰기 어렵다는 식으로 생각하는 것이겠죠. 그러나 그 대담은 반드시 큰 문제가 될 겁니다. 그걸 헤 아릴 줄 모르는 걸 보고 감도가 무디다고 느낍니다."

그 후 「대담」이 어떤 파문을 일으켰는지는 설명이 필요하지 않을 것이다.

제7장

교유 交遊,

그 방식

## 인물 비평의 명수

오사카 사쿠라바시에 있는 산케이빌딩 3층에 일찍이 '산케이 팔러'라고 하는 찻집 겸 레스토랑이 있었다.

『산케이신문』 문화부 시절 시바는 테이블과 의자가 나란히 놓여 있는 이곳에서 느긋하게 시간 보내는 것을 좋아했다. 여러 번 "팔러에 갈까"라며 부원이나 동료를 불러 2층 편집국을 벗어나 수다를 떠는 것을 대강의 하루 일과로 했다.

손님이 방문했을 때도 대개 '팔러'로 안내해 2시간이든 3시간이든 이야기에 열중했다. 때로 편집국에서 찾는 사람이 있으면 "후쿠다 씨는 틀림없이 3층에 있을 거야"로 정리되었다.

부원이었던 스기야마 나오키에 따르면 "역시 좌담의 명수였다"고 한다.

시바의 원고는 특히 인물 비평이 특출했다고 할까. 원고만이 아니라, 이 팔러에서 들은 인물 이야기가 워낙 재미있어 질리지 않았다.

같은 편집국 사람도 자주 화제로 삼았다.

당시 문화부에 관리를 담당하는 부장으로 I라고 하는 사람이 있었다. 이 사람은 전쟁 전에 특고特高(정치·사상 관계를 담당한 특별고등경찰-역주)에 체포된 적이 있었다고 하는데 그것에 얽힌 시바의 이야기가 실제로 I라는 인물의 정곡을 찌르고 있어 재미있었다고 한다.

"그 사람은 말주변이 없어. 특히 극한 상태에 있으면 어떤 말도 나오지 않게 되지. 그래서 특고가 이러저러한 것을 물었을 때 '아~'라든가 '우~'라든가밖에 말할 수 없지. 그래서 역으로 상당히 거물인가 보다 생각해서 좀처럼 석방되지 못했지."

어느 때 스기야마는 데스크였던 시바와 함께 오사카에서 도쿄로 향했다. 시바는 일 때문에, 스기야마는 본가로 가려던 참이었다.

신칸센 같은 것이 없던 시대였다. 태풍으로 도중에 열차가 멈춰 버려 도쿄까지 20시간도 더 걸렸다.

"덕분에 나는 시바 료타로와 좌담을 20시간 독점할 수 있는 행운을 얻었다. 피곤해서 조금 자고 일어나면 또 시바 씨의 이야기를 듣는 식이었다. 그러나 이야기 대부분은 미우라에 대한 애기였다."

미우라 히로시는 문화부 시절, 시바가 가장 친하게 가까이하던 부원이었다는 것은 앞에 적었다. 후에 작가가 되어 나오키상 후보에도 올랐다. 시바나 스기야마와는 다르게 술을 잘 마셨는데, 술에 얽힌 일화나 미우라의 선조가 이와미石見(현재 시마네현) 하마다浜田 지역의 호족이며, 그 호족이 역사적으로 어떤 역할을 수행했는지에 이르기까지 대체 어디에서 저런 지식을 얻었을까 생각될 정도로 줄곧 이야기했다고 한다.

낯가림

신문기자에게 소중한 보물은 취재 활동에서 얻은 인맥과 교유 관계라고 이야기된다.

당면한 주제는 없더라도 취재원을 상대로 한 심야나 새벽 취재를 빠뜨릴 수 없다. 때로는 함께 식사를 하고 노래도 부른다. 경우에 따라서는 함께 놀거나 시끄럽게 야단법석도 떤다. 처음 만난 사람이라도 수십 년 알던 사람처럼 터놓고 지낸다. 그렇게 하면서 인간적인 유대를 만들고 만일의 경우 전화 한 통으로 중요한 이야기를 들을 수 있도록 해두어야 한다,라는 것이다. 그렇게 가르침을 받아왔다.

그러나 신문기자 시절 시바는 그런 의미에서 기자 활동을 하는 데 서툴렀다.

자신도 여러 차례 쓰거나 말하거나 했던 것처럼 "심하게 낯가림을 하는 성격"이었기 때문이다. 처음 만난 사람과 터놓고 얘기하는 일을 잘하지 못했다.

그러나 십수 년 신문기자 생활로 전혀 다른 교우관계나 인맥을 구축해 기량을 쌓았다. 그것은 기자실이나 신문사에서 기자 동료나 부원들과 서로 이야기하면서 그 풍부한 역사와 문학 지식으로 상대를 매료시켜 '시바 팬'을 만드는 것이었다. 동시에 그런 사람들을 '관찰'하고 그런 사람들로부터 배워 자신 안에 '시바 사관'이라는 세계를 구축했다.

시바 료타로 연구자의 한 사람으로 앞에서도 언급한 간사이대학 교수 야마노 히로시는 최근 『시바 료타로 전집 월보 65』에서 시바가 1975년 소설가 아다치 겐이치足立巻一(1913~1985)와 '취재에 대하여'(『문예』)라는 주제로 했던 대담의 내용을 소개했다.

그중에서 시바에게 취재란 "어떤 일을 알고 싶은 게 아니라 자신의 상상력에 자극을 주는" 것이라고 서술하고 있다. 게다가 또 다른 곳에서는 이렇게 말했다.

"다이가쿠지大覺寺(대각사, 교토에 있는 진언종 다이가쿠지파 본산-역주)라면 다이가쿠지에 가보지 않으면 안 됩니다. 가본다 한들 나는 건축사가建築史家가 정밀하게 기둥의 치수를 재는 것처럼 할 수는 없고, 또 의미도 없는 일이겠으나, 가면 뭔가 이상한 일이 일어납니다, 마음속에서."

"그것만을 기대하면서 가는 것이지요. 그 때문에 그 현장이 공장지대가 되었더라도 좋아요. 오히려 공장지대가 된 쪽이 좋아요. 다이가쿠지가 있거나 하면 곤란한 느낌이 있게 됩니다."

어딘가 영화《라임라이트》에서 "인생에 필요한 것은 용기와 상상력, 그리고 약간의 돈이다"라고 한 채플린의 명대사를 생각나게 하지만, 시바의 '취재'는 그런 것이었다.


새로운 여성

이미 몇 차례 등장했지만, 시바 료타로가 교토대학 기자실을 드나들던 시절에 기자 동료 중에 여성 저널리스트의 선구자라고도 말할 수 있는 스에쓰구 세쓰코가 있었다.

지금, 시바의 부인이 된 후쿠다 미도리가

"시바 씨는 교토대에서 스에쓰구 씨한테 늘 특종을 빼앗겼던 것 같아요"라며 웃었다. 그 정도로 민완 기자로 빛나던 사람이었다.

전후 얼마 지나지 않은 쇼와 20년대(1945년 이후-역주) 전반에 젊디젊은 여성이 베테랑 남자 기자 사이에서 씩씩하게 돌아다니며 특종 기사를 쓴다. 그런 일은 아무리 기존 관념에 얽매이는 걸 싫어하는 시바라 할지라도 틀림없이 놀랄 만한 일이었다.

앞에서도 서술했듯이 시바는 스에쓰구를 이시자카 요지로의 소설 『젊은 사람』의 하시모토 스미 선생에 비유하기도 했다.

『젊은 사람』은 전쟁 전의 작품이다. 그중에서 '하시모토 선생'은 "여자대학 출신의 젊은 교사로 지리와 역사를 담당하고 현재 사감으로 일하고 있지만, 세련된 용모와 진보적인 사상을 가져 상급생으로부터 특히 신뢰를 얻고 있는, 기예氣銳의 인물"로 묘사되고 있다.

스에쓰구라는 '새로운 시대의 여성'에 남다른 관심을 갖고 있었던 것 같다.

1981년 간행된 스에쓰구의 수필집 『여자의 눈』에 권두문을 실어 이런 일을 쓰고 있다.


"스에쓰구 씨와는 쇼와 20년대 가장 전후 같았던 전후 5~6년 (1950~1951년-역주)을 교토대 기자실에서 함께 보냈다.

그 기자실엔 당시 뛰어난 기자가 많았다. 그녀는 비교 대상이 없을 정도로 탁월했다. 그녀가 쓰는 기사의 대부분이 그녀 이외엔 아무도 모르는 일(즉 특종이라는 것)이었는데, 그런 점에서 탁월했다는 것 말고도 사물의 질량을 판단하고 상황에 대해 간결하게 형상화

하며 나아가 본질을 꿰뚫는 힘은 남다른 능력이라고밖에 할 수 없었다.

그런 것들이 그녀의 전인격全人格에서 나오는 것은 틀림없지만, 그 사고력과 미적 감각이라는 극히 일부에 한해서 생각해볼 때, 그녀가 지닌 뛰어난 언어의 기능과 관련이 있다고 생각했다.”

완전히 '내가 졌습니다' 하는 느낌이지만 '그녀가 지닌 뛰어난 언어의 기능'에 대해 앞뒤가 거꾸로 되지만, 같은 『여자의 눈』권두문에서 인용한다.

“20대 시절의 스에쓰구 세쓰코 씨에게 느낀 것 중 하나는 어떤 경우에도 말의 문맥을 수미首尾가 견고하게 정돈하고 있어 무의미한 것을 말하는 적이 없었다는 것이다.

그 이상으로 남몰래 놀랐던 것은 그녀에게선 말하는 언어에서조차 언제나 문장의 맥락이 있다는 것이었다. 보통 인간의 언어 충동에는 생리적 쾌감과 이어지는 것이 있어, 때로는 음향에 지나지 않는 말을, 타인과 공유하는 공간 속에서 내뱉는 적도 많다. 이런 것은 자율적인 또는 타율적인 훈련으로 물론 교정할 수 있다. 예를 들면 에도 시대 무사계급이나 영국의 과거 귀족 등은 그런 훈련을 받은 사람들인 점에서 서로 다르지 않다.

말과 관련된 20대의 그녀에 대한 기억에서 그녀는 결코 단어만으로 의지를 표명하지 않는다. 예를 들어 인간의 일상, 특히 물건을 요구할 때의 말은 길이가 짧다. 물을 마시고 싶으면 '물'만을 말한다. 영어 독본에도 있는 것처럼 영어를 쓰는 국민들이라고 해도 길게 말하는 일이 거의 없다고 생각한다. 스에쓰구 씨는 반드시 수미를 갖추어 말한다."


## 자네는 카데트다

스에쓰구 세쓰코의 예를 보아도 알지만, 실로 세세하게 그것도 즐기면서 인물을 관찰했음을 알 수 있다. 그런 인물 관찰이 훗날 소설을 쓰게 되었을 때 매우 소중한 자산이 되었다. 그런 관찰을 통해 그 인물이 짊어진 역사라는 것을 바라보았기 때문이다.

하나의 예가 『산케이신문』 후배로 1991년 세상을 떠난 가지우라 미키오梶浦幹生 추모문집 『쇼와 5년이 달음박질한 언덕』에 실은 '가지우라 미키오 군'이라는 글에도 나타난다.

가지우라는 교토대학 출신으로 앞서 나온 요시다 도키오 등과 함께 교토대 『학원신문』의 학생기자를 하면서 대학 기자실에 시바를 찾아왔던 사람 중 하나였다. 후에 『산케이신문』 도쿄 본사 사회부장, 산케이 출판사 사장을 역임한다.

"'가지우라입니다'라고 군대가 사라진 나라에서 군인처럼 15도로 인사를 하는 학생을 만난 때는 쇼와 20년대의 교토대학 본부 2층의 가자실에서였다. (중략)

그날, 그대는 신문부가 있는 건물에서 왔다.

편집장이 된 직후였던 때인지도 모른다. 그 전 편집장은 요시다 도키오였다. 고무줄처럼 왕성하게 신축성 있는 표현력을 가진 요시다 도키오에 비하면, 그대는 수수하고 불필요할 정도로 중후한 느낌의 청년이었다. 아직 검은 제복을 입던 시대로, 검은색이 조금 바래서 붉은빛을 띤 웃옷을 단정히 입고, 목소리 음역이 낮은 때문일까, 사람됨의 육질肉質까지 두꺼운 것처럼 보여 '육척六尺의 고아를 부탁할 만하다(어린 나이에 즉위한 임금을 보좌할 능력과 인품이 있다는 뜻으로, 『논어』「태백」편에 나온다.-역주)'고 할 만한 느낌이었다. 이런 인상은 그대에게서 평생 배신을 당하지 않았다."

시바는 이윽고 가지우라가 유명한 군인이었던 가지우라 긴지로梶浦銀次郎(1896~1976) 전 육군 소장의 아들로 본인도 오사카 육군유년학교에 다녔던 카데트CADET(사관후보생)였다는 사실을 알게 된다.

"카데트라는 것은 유럽의 공통어로 본디 뜻은 예를 들면, 독일의 농촌 귀족 융커의 경우로 말하면 본가의 아들이 아닌, 차남 또는 분가의 자식이라는 의미인 것 같다.

나폴레옹 이전, 독일과 영국에서 군대가 편성되면 귀족을 대표해 영토 내 젊은이를 거느리고 전장으로 나간다. 그것이 제도화되어 사관학교가 창설되었어도 카데트라는 말이 남았다.

첫 만남에서 가지우라 미키오는 살아서 숨 쉬는 그림처럼 나폴레

옹 이전의 카데트처럼 생각되었다."

"사어死語이지만, 가지우라 미키오도 우에다 신야植田新也
(1930~2007, 『산케이신문』 사장과 시바 료타로 기념재단 상무이사 역임-역주)도
어디에서 보아도 사무라이의 아들 같은 느낌이 들었다. 나는 당시
불과 수년 전까지 군대에 있었고, 그것도 카데트가 아닌 장교였기
때문에, 카데트 출신 장교의 우수함에 질렸던 경험을 갖고 있다.
이상한 이야기지만, 그대를 처음 보았을 때 '어머나 상관上官이 있
네' 하고 생각할 정도였다."


우에다 신야는 가지우라와 똑같이 곤고산金剛山 비탈에 있는 오
사카육군유년학교를 나와 똑같이 교토대학을 졸업하고 이어서 똑
같이 1963년에 『산케이신문』에 입사했다. 후에 『산케이신문』 사장
으로 일하게 된다.

'가지우라 미키오 군'이란 글에 따르면 시바는 "서로 초로기에 접
어들었을 때" 술자리에서 이런 질문을 가지우라에게 던졌다.


"가지우라 군, 문화인류학적인 질문이라고 생각하고, 솔직히 대
답해주겠나? 자네는 혹시 어머니를 어머님이라고 부르나?"
"그렇게 부르고 있습니다."
"물론 대화는 존대어로?"
"그렇습니다."
"고마워. 그런데 어머님도 가지우라 군에게 보통 존대어를 쓰시

나?"

"네."

시바가 이런 질문을 퍼부은 것은 전쟁 전 일본의 '가이고샤偕行社(일본제국 육군 장교 출신의 친목단체-역주) 문화'라는 것에 관심이 있었기 때문이다.

일본 육군의 원형은 조슈와 사쓰마의 하급 무사에 의해 만들어졌다. 따라서 "때로는 방종해서 종종 평민보다 인격이 좋지 못했다."('가지우라 미키오 군') 그래서 정부는 정규 장교 클럽인 가이고샤(해군은 스이코샤[水交社])를 만들어 영국의 귀족적인 클럽을 모범으로 삼아 "존경받는 사람에게는 의무가 있다"는 의미로서의 귀족을 만들려고 했다.

"말할 것도 없이 일본에는 그런 의미의 귀족 문화가 없기 때문에 모범을 에도의 야마노테(분쿄, 신주쿠 등 고도가 높은 지역-역주)에 사는 상급의 하타모토旗本(에도 시대 쇼군에 직속된 무사-역주) 가정에 두었다. 그들은 무사 귀족이라 할 만한 존재로서 유럽의 귀족처럼 일단 위급한 상황이 생기면 그 어려움에 대처한다." ('가지우라 미키오 군')

그러므로 에도 시대 상급 하타모토 가정이 그랬던 것처럼 어머니는 딸도 포함하여 자기 아들에게 늘 존대어를 썼다. 남자 아이가 언젠가 그런 귀족사회, 존대어 사회에 들어갈 것을 생각해 말을 배워 익히게 하려는 것이었다.

말하자면 시바의 세계에 불쑥 들어와 헤맨 것 같은 가지우라나 우에다와의 만남으로부터 이런 것을 통찰하는 시바의 감식안은 분명했다.

그리고 이것이 나중에『언덕 위의 구름』을 비롯한 메이지의 '나라 만들기' 소설을 낳았다고까지 말할 필요는 없을 것이다.


## 어느 해군 군인

시바가 역사에 대해 쓴 때는 메이지 시기까지로 쇼와 시대의 역사, 그것도 태평양전쟁에 대해 쓰는 일은 많지 않았다. 다만『가도를 간다』시리즈의「미우라반도기三浦半島記」에 한 항목을 할애해 미드웨이 해전에 대해 썼다.

미우라 등과 함께 가장 친하게 지냈던 신문인 중에『산케이신문』전 편집국장인 아오키 아키라가 있다. 그 아오키의 부친이 이 해전에서 기함旗艦을 맡았으나 불에 타 침몰된 항공모함 '아카기赤城'의 함장 아오키 다이지로青木泰二郎 대좌였다. 아마도 시바는 아오키와 이야기를 나누다가 미드웨이 해전에 대해 흥미를 가졌을 것이다.

"(아오키 아키라 씨는) 편집국장이 된 이후 회사를 그만두고 쓰쿠바대학에서 신문학을 가르쳤다. 정년 후에는 도쿄정보대학으로 옮겨 아직도 정보에 대한 것을 가르치고 있다.

이 아오키 아키라 씨의 부친은 미드웨이 해전에서 가라앉은 항공 모함 '아카기'의 함장 아오키 다이지로 대좌였다.

일본 측이 대패했다. 패인의 하나는 정보였다. 일본 측 암호의 80%가 미국 측에 해독되어, 말하자면 포커를 든 손 안이 전부 미국 측에 읽혔다.

'아카기' 함장의 자식이 반평생 실무와 학문의 주제를 줄곧 정보에 두고 있는 것도 미드웨이의 회한과 관계가 없지 않을지도 모른다."


시바의 탐욕스러운 '사람'에 대한 관심은 아오키가 쇼와 초기 유년 시대를 보냈던 가마쿠라鎌倉의 유키노시타 지역에 살았을 당시 해군 군인들에게도 향한다. 당시 요코스카에 제국 해군기지(해군진수부[鎭守府])가 있었기 때문에 많은 해군 장교가 가마쿠라나 즈시逗子에 살았다. 아오키의 아버지도 그랬다.

시바는 어느 날 해군병학교 출신자 명부를 손에 들고 아오키에게 전화를 걸어 어떤 군인이 살았는지 물었다. 아오키는 즉석에서 몇 사람의 이름(네 살 위인 형의 기억에도 도움을 받았다고 하지만)을 알려주었다.

그중에서 시바가 마음이 끌린 것은 기무라 마사토미木村昌福(1891~1960)라는 해군 소장의 이름이었다. 태평양전쟁이 한창일 때 북태평양 알류산열도의 키스카섬에서 철수 작전을 지휘한 명장이었다.

남태평양에서의 첫 전투에서 성공한 일본군은 여세를 몰아 1942

년 알류산열도의 미국령 아츠섬과 키스카섬을 점거했다. 시바가 보기에 일본군의 목적으로 본다면 "북태평양의 여러 섬들에 손을 대지 않아도 좋았"고 그뿐만 아니라 작전상 이유도 잘 알 수 없었다.

곧 전황이 불리하게 되어 보급은 끊어지고 미군의 반격이 시작되었다. 1943년 5월 아츠섬에서는 야마자키 야스요山崎保代 (1891~1943) 육군 대좌 이하 2,000여 명의 군대가 옥쇄했다. '다음은 키스카다'라고 하기에 대본영(일본제국 육해군 최고 통수기관-역주)은 키스카섬의 5,600여 명 병사를 철수시키는 작전의 지휘관으로 기무라를 임명했다.

기무라는 "전함 하나든 둘이든 키스카섬에 돌입해 한 명의 병사라도 많이 육군부대의 수용에 임하겠다. 해군부대는 사양하겠다"고 선언하고 키스카로 향했다.

그러나 1943년 7월 7일 최초 작전에서는 해무海霧가 나오지 않아 미군에 발견되어 격퇴당한다고 여겨 곧 되돌아왔다.

시바는 "명장의 조건은 오직 운이다"라고 쓰지만, 7월 말 두 번째 작전 때 미군의 봉쇄 함대가 일본 함대의 환영幻影에 포를 쏴, 포탄 등의 보급을 위해 키스카섬 봉쇄를 일시적으로 풀었다. 그사이 기무라 부대는 피를 흘리지 않고 키스카부대 전원을 철수시키는 데 성공했다.

기무라는 전후 "나의 공적이 아니다"라며 이 작전에 대해서 전혀 말하지 않았다. 이 때문에 일반에는 거의 알려져 있지 않았지만, 1957년이 되어 지하야 마사타카千早正隆(1910~2005)의 '태평양전쟁

최대의 기적'이라는 글이 『문예춘추』에 실려 밝혀졌다. 아가와 히로유키阿川弘之(1920~2015)의 『내가 기록한 키스카 철수』라는 책도 있다.

이 정도까지 시바가 키스카 작전에 관심을 가진 것은 무모와 교만을 반복한 태평양전쟁 중에서도 이만큼 냉정하게 판단해 성공한 사례가 있다는 것과 함께 아오키 아키라와 가지우라 미키오 등을 통해서 본 개별 군인의 대한 호의와 경의가 있었기 때문일 것이다.


## 유카와 박사의 조부

구와바라 다케오, 요시카와 고지로, 가이즈카 시게키, 유카와 히데키라는 교토대학이 낳은 석학들과도 교제가 있었다. 그렇다고는 해도 대학 담당 기자 시절에 취재하러 가서 친해진 것은 아니었다는 건 이미 언급했다.

그래도 이런 석학들을 기른 환경이나 시대에 대해서는 기자 시절부터 깊이 관심을 기울이고 있었던 듯하다.

일본의 첫 노벨상 수상자가 된 유카와 히데키하고는 1981년 1월 1일 방영한 NHK 교육TV 《방문 인터뷰―현대의 선택》이라는 프로그램에서 대담했다. 유카와가 사망하기 1년 전쯤이었다. 그 내용은 『주간 아사히』 증간호 「시바 료타로가 말하는 일본」에 실려 있는데, 대담에는 이런 '호기심'이 솟구치고 있다.

게다가 유카와와 나눈 대담에서, 양자로 갔던 유카와의 본가인 오가와小川 집안—지질학자인 교토대 교수 오가와 다쿠지小川啄治 (1870~1941) 아래에서 유카와를 비롯해 가이즈카 시게키(중국사가, 유카와의 친형으로 처가의 성을 따름-역주), 오가와 다마키小川環樹(1910~1993, 중국문학자)라는 초일류 학자를 배출했던, 일본을 대표하는 인텔리 집안—이 탄생한 배경을 알아내려고 한 것은 실로 '신문기자 시바 료타로'의 모습을 드러낸 것이라고 해도 좋다. 그것은 가지우라 미키오와 나눈 대화나 관찰로부터 메이지 시대 군인의 모습을 찾아냈던 것과 같은 것이다.

**시바** : 유카와 선생님은 예전부터 시를 좋아하셨는데, 한시漢詩도 지으십니까?

**유카와** : 한시는 전혀 못 합니다. 시의 규칙이라든가 전혀 모르니까요. 제 동생 오가와 다마키는 지을 수 있지만, 저는 못 합니다.

**시바** : 할아버님에게서 소독素讀(글의 뜻을 모르고 암송하는 일-역주)을 배웠던 때는 언제쯤입니까?

**유카와** : 초등학교에 들어가기 조금 전부터 중학교에 들어간 전후인가요.

(중략)

**시바** : 작년이었던가요, 오가와 다마키 선생과 중국에 함께 갔을 때 오가와 집안의 소독에 대한 이야기가 있었습니다. 여섯 살 무렵부터 다마키 선생도 암송을 배웠다고 했습니다만, 한 가지는 불만이었다고 하던데요. 무엇입니까 여쭀더니 "할아버지는 간사이 사

투리로 암송하는 겁니다. 모처럼 용맹스러운 장면이 아무래도 상태가 달라요"라고 말씀하셨습니다.

시바의 관심은 유카와의 조부가 행한 교육 이야기로부터 점차 오가와 집안의 역사로 향해 간다.

**시바** : 형님이신 가이즈카 시게키 선생님에 따르면 할아버님은 조슈長州 정벌(1864년과 1866년 두 차례에 걸쳐 에도 막부가 군사를 동원해 현재의 야마구치현에 해당하는 조슈번을 공격한 일-역주)에 참가하셨다고요. 창槍을 상당히 잘 쓰는 명인이었다는 말씀을 들었습니다.

**유카와** : 그렇습니다. 집에는 언제나 창이 걸려 있었습니다.

**시바** : 무서운 분이셨습니까?

**유카와** : 아뇨. 무섭지는 않으셨어요. 교토에 니시키錦라는 곳이 있잖아요. 그리고 신쿄고쿠新京極인가요, 산책도 할 겸 해서 저희를 자주 데리고 가셨어요. 나팔꽃이나 국화를 가꾸셨지요. 속세를 떠난 사람이라 할까, 세상을 초월한 듯 사람들과 교제도 거의 없었던 것 같습니다. 저는 그걸 굉장히 부럽게 생각했어요.

**시바** : 그렇게 어릴 때인데도요?

**유카와** : 네, 부러웠어요.

**시바** : 역시 노자나 장자가 좋아할 만한 경지에 가는 기분이 옛날부터 있으셨군요.

**유카와** : 이 세상이라는 건 실로 번거롭다고 하는 느낌은 초등

학생 때부터였지요. 중학생이 되자 고쳐졌습니다. 세상에는 여러 가지로 귀찮은 일이 있는 법이라고. 그러니까 사이교법사西行法師(1118~1190, 무사이자 승려로 와카[和歌] 2300수가 전해지고 있다.-역주)의 『산가집山家集』을 숙독하고 있었습니다. 그런 처지가 부러웠던 것이었을까요.

(중략)

**시바** : 할아버님은 기슈紀州(현 와카야마현과 미에현 지역-역주)의 도쿠가와가德川家의 사무라이입니다만, 사무라이 교육을 받은 마지막 세대가 되었습니다. 그런데도 요란스럽지 않았다는 것은 어쩐지 흥미롭네요.

**유카와** : 사무라이였지만 유신(메이지 유신-역주)이 되었을 때 곧 게이오의숙慶應義塾에 들어갑니다. 후쿠자와 선생의 제자가 되어 영어도 꽤 읽을 정도가 되었지요. 그런 면도 있으셨어요. 세상이 바뀔 때 쭉 살았던 사람인 까닭에 일종의 깨달음 같은 것이 있었을 것이라고 생각합니다.

**시바** : 기슈의 도쿠가와가였기 때문에 더 그랬던 것이겠지요. "이제 시대가 바뀌었구나" 하는 생각이 강했던 것이겠지요.

(중략)

**시바** : 그러나 우리들은 역사라는 것을 종이에 써진 것밖에는 상상할 수 없지만, 유카와 선생님의 할아버님의 이야기를 듣고 있자니 매우 감사한 기분이 듭니다. 기슈 도쿠가와가의 가신이 조슈 정벌에 참가했고, 이윽고 적敵이었던 조슈의 천하가 되자 분통스러웠

다, 세계를 알기 위해서 후쿠자와 선생에게 가서 배우면서 그 분통함을 꽤나 달랬다고 생각합니다.

**유카와** : 그렇게 이어졌던 것인가요. 반복되는 말씀이지만, 그것은 저의 조부에게 한정된 것만은 아니지요. 와카야마 사람들은 세계를 알고 싶어 했어요. 해외로 나가는 것도 예사였습니다.


## 구와바라 다케오의 천부적 재능

구와바라 다케오에 대해서는 앞에서 인용한, 꽤 긴 글인「구와바라 다케오 씨에 대하여」(주코문고『고왕금래』에 수록)에서 쓰고 있다. 구와바라 씨의 재능을 "등산가나 탐험가로서 씨의 체험에서 태어난 것 같은 후천적이 아니라 천부적인 데가 있다"고 한다.

더욱이 다음과 같이 술회한다.

"씨는 어렸을 때부터 이 천부적인 재능을 표현할 수 있는 장場을 발견하기 위해 몸부림쳤다. 유년 시절 아버지와 둘이서 놀이를 한 적이 있었다 한다. 양쪽이 대장이 되고 각각 동서고금의 영웅호걸을 자유롭게 선발해 천만 군대를 몰아가는 놀이였다. 한쪽이 비장의 카드로 제갈공명을 꺼내면 한쪽이 에디슨을 꺼내 이를 해치우는 식으로 이 놀이가 아주 재미있었다 한다. 보통 아이들에게 이런 놀이가 그 정도로 재미있을지는 의문이고, 그저 씨의 경우에만 해당하는지 모르겠다. 인간 무리에 관계와 위치를 설정하고 이를 조직하여 하나의 힘을 창조하는 것은 씨의 경우, 재능의 탁월함을 달래는 오락이기보다 치료였음에 틀림없다.

씨는 학자가 되었다. 기업가나 군인이 되지 않았다. 그것은, 뛰어난 천부의 재능이라는 것은 그 표현이 자기를 치료하는 것이지, 자기의 이익을 증대하기 위해 이용되는 것이, 거의 법칙처럼, 아니기 때문이다.

일본 전국시대에 나타난 다케나카 한베에竹中半兵衛처럼, 전술을 예술처럼 심득心得하여 대상을 구하는 드문 존재가 중국사에도 몇 사람 나온다. 제갈공명에게도 다분히 그런 요소가 있지만, 그런 존재나 인물의 출처진퇴出處進退에 우리가 신비감을 느끼는 것은 그들이 그 천부적인 재능을 표현하는 장을 구하기 위해서만 살았지, 그것으로 큰돈을 번 것—그렇지 않았지만— 때문은 아니다. 천부적 재능이란 그런 것이다."

나아가 "이런 재능은 다소 유머러스한 일화를 소년기에 남긴다"면서 구와바라가 구제舊制 중학교 1학년 때 학교 주최 운동회와 별도로, 그다지 잘 달리지 못하는 학생과 높이뛰기를 잘하지 못하는 학생들을 위해 운동회를 주최한 에피소드를 들어, "이 재능은 이런 기묘한 형태로 표현의 근원을 채우려 하고(하략)"라고 쓴다.

역사적 지식과 아마도 신문기자로서 단련하지 않았으면 불가능했을 것으로 보이는 취재력이 어우러진 관찰력으로 구와바라 다케오라는 '천재'를 아주 훌륭하게 그려내고 있다.

제 8 장

신문기자를

말한다

어느 시골 기자

후쿠다 데이이치 시절의 시바는 1948년 6월 『산케이신문』에 입사한 직후 교토지국에서 후쿠이 대지진을 취재하러 출발했다.

깊은 밤 신문사 차량이 비와코琵琶湖 동쪽 호안, 시가滋賀현 나가하마초長浜町 부근에 접어들었을 때 헤드라이트 빛줄기 속으로 한 노인이 뛰어들더니, 차 안으로 신문지에 싼 우동 타래를 던져 넣었다. 시바 일행은 그 우동을 먹으면서 취재에 임했다. 그 일은 앞에서 쓴 대로다.

시바는 이 노老기자, 즉 『산케이신문』 나가하마 통신부의 이토 스에조가 얼마나 마음을 움직였는지 그 후 십수 년 후인 1961년 10월 21일 자 『산케이신문』에 '어느 시골 기자'라는 에세이를 써서 당시 이야기를 하며 이토에 대해 소개하고 있다.


"이토 씨는 30년 기자 생활을 시가현 나가하마 시골에서 보냈다. 그 인생에 영달이라고 할 만한 국물도 건더기도 없었다. 우동 타래 그것 같은 인생이었다. 어느 오사카 본사 기자가 나가하마에 취재하러 왔을 때 이토 씨는 역전에서 맞이했다. 이토 씨는 자전거를 타고 왔다.

자전거 짐 싣는 칸에 바구니를 동여매었는데 거기에 일곱 살 아이가 타고 있었다. 이토 씨는 그 무렵 부인과 사별했기 때문에 아이를 돌보면서 경찰이나 시청을 돌며 취재했다.

마침 점심시간이어서 역 매점에서 이토 씨는 빵을 두 개 사서 바구니 안에 던져 넣었다.

'경찰서에 가면 식당에서 맛있는 걸 먹게 해줄 테니까' 하고 아이를 타일렀다. 그런데 경찰서에 갔더니 작은 사건이 있어서 이토 씨는 관련 취재를 하느라 밤 8시까지 돌아다녔다. 아이는 결국 밥을 먹지 못한 상태였다. 그런데도 매일 아버지가 하는 일에 익숙해져 있었던지 바구니에서 나오거나 들어가거나 하면서 신나게 놀고 있었다 한다.

겨울이 끝나고 봄이 오면 겨울잠 자던 개구리가 잠을 깨고 나온다. 이토 씨는 그 취재에 뛰어난 능력이 있어 땅에서 나오는 개구리를 재빨리 찾아서 찰칵 사진을 찍고 '벌써 호수의 나라湖國(비와코가 있는 시가현을 달리 부르는 말-역주)에 봄'이라는 기사를 썼다. 그는 그 개구리 인터뷰가 다른 언론사보다 매년 빠르다는 게 자랑이었다.

신문기자는 화려한 직업이라고 한다. 실제로 도쿄와 오사카의 젊은 기자가 매일 대신大臣(한 국가의 장관-역주)을 만나거나 중대 범인을 뒤쫓는다. 그러나 이토 씨는 논을 기어 다니며 개구리가 나오는 것을 기다리고 있다."

그 후 시바가 교토지국에서 지방부에 근무하게 되어 이토 씨와 재회할 기회가 있었다. 시바는 웃으면서 위와 같은 이야기를 하며 이토를 칭찬했다. 하지만 이토는 시바가 웃으며 이야기를 하는 게 기분이 좋지 않았던 듯 무서운 얼굴 표정으로 말했다.

"개구리도 총리대신도 똑같아요. 대신만 만나는 것으로 신문을 만들 수는 없어."

'어느 시골 기자'에 계속된다.

"매년 이 사람이 하는 특종(?)에 '이부키伊吹(시가현에 있는 산 이름-역주)에 첫눈'이란 게 있다. 간사이 지역에서는 시가현 이부키산에 눈이 오면 겨울이 온다는 말을 한다. 따라서 그 사진은 정말 겨울이 왔다는 계절감을 주기 때문에 오사카 지역 신문들은 매년 싣게 되는데, 통신부의 고심이 엄청난 것이 상대가 산이기 때문이다. 언제 눈이 올지 알 수 없다. 방심하다가 그만 놓치고 지나친다.

이토 씨는 이 계절이 되면 매일 새벽 3시에 일어나 집 옥상에서 어두운 이부키산을 바라보면서 아침이 밝아오는 것을 기다린다. 나처럼 도회지에서만 기자 생활을 한 사람에게는 상상도 할 수 없는 고통이다.

그 후 만난 적도 없지만 이런 사람들의 노력이 있어 매일 신문은 만들어진다. 나는 1면에 제목이 나온 외신 기사를 읽을 때보다 지방판 구석에 실린 기사를 읽을 때 문득 신문기자라는 직업인의 인생의 무게를 느낀다. 이토 씨 생각이 떠오르기 때문이다."


## 불을 끄듯이

『신세카이신문』에서 『신니혼신문』을 거쳐 『산케이신문』을 퇴사할 때까지 15년여에 이르는 시바의 신문기자 생활은 대다수 기자들이 겪는 생활에 비하면 매우 단조로운 것이라고 할 수도 있다.

본격적으로 담당한 부서라고 하면 교토 시절의 종교와 대학, 그리고 오사카 본사 문화부 시절의 미술 정도였다. 대개 기자가 경험하는 사쓰마와리(경찰 기자-역주)는 『신니혼신문』 시절 정말 짧은 기간이었고, 이토 씨처럼 통신부 기자도 하지 않았다. 또 정치부, 경제부, 외신부 경험도 없다.

"나는 재빨리 일을 처리하고 움직이는 기민함에 흠결이 있어, 경찰 기자는 이내 잘렸다"고 여기저기 쓰고 있다. 그러나 그러면서도 사건 기자라든가 사회부 기자에 대해 일종의 동경하는 마음을 갖고 있었다.

1952년 『산케이신문』 오사카 본사에 근무하게 되면서 곧 소속이 지방부에서 문화부로 바뀌었다. 그때 기분을 "무엇 때문에 신문기자가 되었나 하면, 화재가 일어나면 뛰어가려고 했었는데, 벌써 쇠락한 기분이었습니다"(『자전적 단장 집성』)라고 썼던 것은 앞에서 말했다.

『산케이신문』 후배로 오사카 본사 문화부장과 사회부장으로 일한 다나카 히로시田中博는 시바가 사회부 기자에 대해 이런 말을 한 것을 기억하고 있다.

"핑계는 필요 없어. 멋있고 결기 있게 화재 현장에 가서 불을 끄는 것처럼 해야…."

다나카에 따르면 이런 일도 있었다.

이미 작가가 된 시바에게 교토에서 에토 준江藤淳(1932~1999, 문학평론가)과 대담을 해달라고 부탁한 적이 있었다. 대담이 끝나고 에토가 숙소로 돌아간 뒤 모두가 돌아갈 채비를 하고 있는데 시바가 이런 말을 꺼냈다.

"에토 씨는 대단하네. 그가 만약 사회부 데스크가 됐으면 재미있는 신문을 만들 거야. 사회면은 재미가 없으면 안 되잖아. 재미를 추구한다는 의미라면 고마쓰 사쿄小松左京(1931~2011, 소설가-역주) 씨도 명데스크가 될 거야. 다다 미치타로多田道太郎(1924~2007, 불문학자·평론가-역주) 씨도 어떨까 싶네. 이런 얘기 본인이 들으면 화내겠지?"

그런 우수한 데스크로 하여금 인간미 넘치는 사회면을 만들고 싶다고 공상했던 것이다. 마치 자신이 사회부장이 된 것처럼 보였다고 다나카는 말했다.


## 무상無償의 공명주의功名主義

농담 섞인 말로 "편집국장을 하고 싶다"고 말한 적도 있다.

『산케이신문』전 사장 우에다 신야에 따르면, 10년 정도 전에 오사카에서『산케이신문』간부와 늘 갖는 연말 간담회 자리에서,

"내가 신문사에서 하고 싶었던 일은 사장이 아니라 편집국장이었다. 지금도 그런 기분으로 신문을 읽고 있는 제 자신을 깨닫고 쓴웃음을 지을 때가 있지만, 나에게 편집국장을 하라고 하면 재미있는 신문을 만들 자신이 있다. 뭐, 농담이지만" 하고 유쾌하게 말했다.

아마도 그것은 진심이었을 것이다. 꼭 그렇다기보다 그 정도로 신문을 사랑하고 신문 만들기에 열정을 갖고 있었다는 것이다. 아무튼 "휴간일을 만든 후부터 일본의 신문은 잘못되었다"고 말할 정

도로 신문 만들기를 좋아하는 사람이었다.

물론 30대 중반에 작가에 전념하려고 하지 않았다면 혹시 편집 국장이 되었을지도 모른다. 그 가능성을 물론 부정할 수는 없지만, 마음속으로 희망했던 사회부 기자가 되지 못했고, 외신부나 정치부 같은 빛나는 부서도 경험하지 못했다. 스스로 "지체 낮은 방랑 무사 처지"라고 말한 것처럼 정기 입사가 아니라는 핸디캡도 있었기에 신문기자 생활을 하면서 일종의 좌절을 느꼈음에 틀림없다.

이런 가운데 시바가 끄집어낸 신문기자상像이 있다.

그것은 1962년 2월 『아사히신문』에 실은 '나의 소설—올빼미의 성(『역사와 소설』에 수록)'이라는 글에 있다. 이미 제1장에서도 소개했지만, 시바가 이상으로 생각하는 신문기자상이기에 다시 적는다.

"내 안에 있는 신문기자의 이상형은 옛날 대부분의 기자들이 그랬던 것처럼, 직업적인 출세를 바라지 않고, 자신의 일에 비상한 열정을 쏟으며, 게다가 공명功名은 결코 보답을 받는 바가 없다. 지면에 나간 기사는 모두 이름이 없고, 특종을 했다 하더라도 물질적으로 어떤 보상도 없다. 무상無償의 공명주의功名主義야말로 신문기자라는 직업인의 이상인 동시에 현실이다. 여기에서 발상해 이가伊賀에 전하는 문서 등을 읽으니 그들의 직업 심리를 잘 이해할 수 있을 것 같은 기분이 들었다. (중략) 나는 그들의 정신을 아름다운 것으로 적었다."

이런 신문기자상에 바탕이 된 것 중 하나가 나가하마에서 이토를 만난 일이었다.

시바의 소설 『올빼미의 성』을 영화로 만든 시노다 마사히로가 영화화를 기념하여 『석간 후지』에 기고한 '《올빼미의 성》에 대하여'라는 글은 이전에 소개했지만 그 앞부분에 이런 신문기자의 무명성으로부터 『올빼미의 성』의 주인공 쓰즈라 주조葛籠重藏와 신문기자 시바를 서로 겹친 것이라고 적었다.

"신문기자는 그 무명성과 신문의 공공성을 무기로 권력과 권위의 중추에 용이하게 접근해 취재할 수 있다. 거기에서 얻을 수 있는 정보의 기밀성, 의외성은 일반인이 미칠 수 없다.

『올빼미의 성』을 읽었을 때 먼저 연상된 것은 주인공인 닌자 쓰즈라 주조의 행동은 신문기자와 닮은 것이 아닌가 하는 것이었다. 주조는 후시미성 깊은 곳에 있는 다이코太閤(천황을 대신해 나라를 다스리는 관백[關白] 자리를 아랫사람에게 물려주고 상왕처럼 물러앉은 사람-역주) 히데요시의 침소에 다가간다. 그는 거기에서 생각하지 못한 천하 영웅의 노추老醜와 맞닥뜨린다. 아무리 권력이나 권위의 위광威光을 장식하고 세상에 군림하더라도 그 실상은 저널리스트만이 알고 있기 마련이다.

시바 료타로 역사소설의 매력은 늘 무명의 지성이 아무런 선입견 없이 사태의 본질을 파악하는 저널리즘과 서로 공명하는 것에 있을 것이다. 선명할 만큼 명쾌하고 군더더기 없는 문체가 역사의 배후에 있는 어둠을 드러내고, 그 혼돈을 향하여 몸을 던지는 주인공들의 높은 기개에 독자는 쾌재를 부를 수밖에 없다. 영화 《올빼미의 성》에 등장하는 닌자 쓰즈라 주조는 바로 신문기자 시바 료타로이다."

시바의 이런 이상적인 신문기자상은 1986년 1월 1일『산케이신문』전 방콕지국장 곤도 고이치의 장례에서 읽은 조사弔辭에서도 다음처럼 제시되고 있다. 곤도는 베트남전쟁 당시 사이공 특파원으로 일하며『사이공에서 온 아내와 딸』로 오야 소이치大宅壯一(1900~1970) 논픽션상을 받은 명기자 중 한 사람이다. 마흔다섯 살 젊은 나이에 세상을 떠났다.

1973년 베트남 취재 때 곤도를 알게 된 시바는 이례적으로 긴 시간에 걸쳐 조사를 읽었다. 그 한 부분이다.

"그대(곤도)는 뛰어난 신문기자였습니다만, 그러나 신문기자가 가진 그 자잘한 경쟁심이나 교활하게 부화뇌동하는 성정을 그대는 가능한 한 적게 가지려 했습니다. 부화뇌동하는 성정이라면 천성적으로 이를 갖지 않았다고 생각합니다. 경쟁심, 공명심, 그리고 부화뇌동이라는 경멸할 만한 세 가지 나쁜, 그러나 필요하다고 하는 직업상의 덕목을 갖지 않고도 그대는 기념비적인 또는 영웅적인 기자로서 존재했습니다. 그것은 참으로 드문 일이었습니다."

이 '무상의 공명주의'는 그대로 시바의 신문기자상, 혹은 언론관에도 짙은 색깔로 비추고 있다.

## 공公을 위해 애쓰다

시바는 1991년 도쿄, 1992년 오사카에서『산케이신문』사원을 앞에 두고 강연해 사빈社賓 또는 사우社友로서 신문에 대한 생각을 술회했다. 특히 오사카 강연에서 "신문기자는 언제나 '공公'이라는 것을 생각해야 한다"고 강조했다.

강연에서 먼저, 동기로 나중에 전무가 된 나카야마 사토루中山了(1920~2002)와 아오키 아키라와 술을 마실 때 "다시 태어나도 신문기자가 되고 싶다. 그것도『산케이신문』기자로"라고 한 것에 의견을 함께했다는 이야기를 하며 이렇게 말했다.

"아오키 군은 지금 대학의 선생이기에 그 이유를 논리 정연하게 말해주었습니다.

산케이 사원은 감각이 좋다. 인격이 좋다. 사내에 쓸데없는 파벌이 없다. 입신출세를 노리는 게 그렇게 나쁜 것은 아니지만, 과도하게 이런 풍조가 있는 회사는 싫다고. 지금의『산케이신문』에도 과거의『산케이신문』에도 이런 싫은 점이 없다.『산케이신문』의 사풍社風에서 가장 좋은 점은 사원의 예절이 좋다는 것입니다. 예를 들면 경찰 기자가 모자를 쓴 채 경찰서에 들어가거나 하면 터프하고 멋있게 보일지 모르지만 역시 예절은 나쁜 것이다. 산케이 기자 중에는 거의 이런 사람이 없다. 산케이는 누가 뭐래도 전국지이지만, 전국지에 흔히 있는 내부적인 압력이 없다. 부수가 800만 부라고 하면 이런저런 압력이 있지요. 예를 들면 교진巨人(프로야구 요미우리 자이언트-역주) 팀은 무슨 일이 있어도 이겨야 한다는 것 같은. 그런 점에서 『산케이신문』이 가장 좋다. 그것을 아오키 군이 기쁘게 이야기한 것입니다."

그리고 교토 시절의 일을 말했다.

"교토대학에 대해서는 이런 상상을 한 적이 있습니다. 교토는 메이지 시기에 수도가 도쿄로 옮겨간 이후 아무것도 아니게 되어 사람들은 마시지도 먹지도 못하는 생활을 했다. 거기에 교토대학이 생겼다. 교토대학의 직원 수는 당시 대략 4,000명입니다. 그 4,000명에게 도쿄에서 급료를 보내와서 교토가 소비한다, 그래서 교토의 경제는 상당히 윤택해진 것에 틀림없다, 이런 가설을 세우고 생각하는 것이 신문기자의 원점입니다.

오사카라는 도시가 깨끗해졌으면 좋겠다. 젊은 여자가 아름다운 옷을 입고 걷고 싶어지는 도시로 되었으면 하는 것도 생각하지요. 신문기자는 관념적인 일도 포함해 넓게 생각하고 넓게 밭을 가는, 실로 좋은 직업입니다. 누구로부터 부탁받은 것도 아닌데 이만큼 공公의 일을 생각하는 인종은 달리 없지 않은가요.

이런 것은 대학의 선생을 해서는 생각할 수 없지요. 정치가는 개인의 일밖에는 생각하지 않지요. 물론 공무원도 이런 발상은 없어요. 그것은 출세하기 위한 기관이기 때문입니다. 초·중·고 선생이라도 자기 일밖에 생각하지 않는 사람에게는 아이들이 따르지 않습니다. 아들이 좋은 중학교에 들어갈 수 없을까 하고, 회사에서 생각하는 사람도 별로입니다."

그리고 마지막을 이렇게 맺었다.

"팀워크가 좋은 회사가 이길 수밖에 없다. '어른'이 된 사람들은 젊은 사람의 정신을 소중히 여기고, 그 사람들과 함께 공을 생각한다. 그것이 내일의 산케이를 만든다고 생각합니다."


'사私'의 배제를

신문기자에게 또는 신문사에서 가장 중요한 것은 "공을 중요시하는 것"이라는 생각은 시바의 신문관을 관통하고 있다.

실은 이 강연을 하기 얼마 전에 『산케이신문』에서는 고 시카나이 노부타카鹿內信隆(1911~1990) 이후 3대에 걸쳐 회장이나 사장을 세습한 '시카나이가家의 지배'를 배제하자는 움직임이 일었다.

시바는 사빈, 사우로서 이 '시카나이가의 지배'를 강하게 반대했다.

『산케이신문』의 전 사장 우에다 신야에 따르면 시카나이 노부타카가 『산케이신문』 사장부터 후지테레비, 닛폰방송 등을 포함한 '후지산케이그룹' 의장이 됐을 때, 시바 료타로는 후지테레비 인사부에 있던 가이온지 초고로의 딸로부터 사원 연수 강사를 해달라는 의뢰를 받아 이런 이야기를 했다.

"후지산케이그룹에서는 톱의 '사私'가 넘쳐 흐르고 있다. 그런 기업체에 발전은 바랄 수 없다. 미쓰이나 스미토모그룹에 미쓰이나 스미토모가 있어도 '군림하지만 통치하지 않는다'라는 철칙으로 일관하고 있다."

사원은 큰 갈채를 보냈다. 그러나 톱을 헐뜯었다고 유쾌하게 생각지 않는 사람들도 있어 이 강연은 후지산케이그룹 내에서 커다란 파문을 일으켰다.

그 후 시바는 교토의 구라마鞍馬에 있는 요정에 시카나이를 초대해 밤새 이야기를 나눈 적이 있었다. 시카나이가 경영을 재정비하려고 사내 인사를 거칠게 처리하여, 이에 따라 시바의 오랜 친구들이 산케이를 떠나야 했다. 이 일을 견딜 수 없어 사빈으로서 '간언諫言'을 해야겠다는 생각이 있었다.

우에다는 젊을 때 시바로부터 "사어死語이지만, 사무라이의 아들이라는 느낌이었다"는 말을 들을 정도로 신뢰가 두터웠다. 그러나 당시는 『산케이신문』 사장으로 복귀한 시카나이의 비서실장이라는 입장이었다.

후일 시바가 시바의 소설가로서의 제자인 우에다와 『산케이신문』 후배인 미우라 히로시와 식사할 기회에 그들이 시카나이와 구라마에서 회담한 결과가 어땠는지 시바에게 물어보았다. 시바는 "시카나이 씨가 부인을 데리고 왔더군. 부인과 함께하면 사정이 달라지지. 그것은 시카나이 씨의 작전 승리였어"라고 '간언'이 허사로 끝났다는 걸 인정하면서 우에다에게 이렇게 말했다.

"내가 시카나이를 비판하는 것은 그의 '사私'가 너무 강하기 때문이다. 내가 그에게 여러 번 얘기한 것처럼 신문은 예절이 중요하다. 회사로서 좋은 예절, 경영자로서 좋은 예절은 법인으로 일관하여 '사'를 배제하는 일이다. 그 원점만 확실히 하고 있다면, 그대가 말하는 것처럼 분수에 맞게 몸을 굽히는 것도 필요하지만, 신문은 언론과 보도가 사명이기 때문에, 우수한 인재가 용감하게 뛰어나가 일할 수 있는 환경을 만드는 일을 무엇보다 우선해야 하지 않나. 메이지 때 신문 『닛폰』을 중흥시킨 구가 가쓰난陸羯南 (1857~1907) 아래에는 일류 언론인이 구름처럼 모였다. 그 무리들이 『아사히신문』으로 옮겨 지금 아사히 언론의 기초를 구축했다. 왜 가쓰난 아래로 우수한 인재가 모였는가. 그의 학식과 견식도 물론이지만 역시 무사無私의 품성이 사람들을 불러들인 게 아니었던가. 구가 가쓰난의 신문인으로서의 좋은 예절이지."

시카나이가의 세습은, 우선 1985년 노부타카의 장남 하루오春雄 (1945~1988)가 후지산케이커뮤니케이션 그룹회의 의장이 되어 『산케이신문』회장에 취임하는 것으로 세습이 이뤄졌다.

그러나 하루오는 아버지의 긴축 경영 방침을 그대로 답습하지는 않았다. 오히려 그 반대였다. 침체되어 있던 후지테레비를 활성화

하고 『산케이신문』에서는 대폭의 세대 교체 인사와 지면 개혁을 행해 "한 번이라도 좋으니 일등이 되자"고 사원에게 격문을 띄웠다. 단 "보도기관에 있을 수 없는 세습"이라는 비판에는 충분히 답하지 못한 채 3년 후 마흔두 살 젊은 나이에 세상을 떠났다.

그 시카나이 하루오가 1986년 비서도 없이 혼자서 히가시오사카시 시바의 집을 방문했다. 물론 시바가 부친에 대해서도 세습에 대해서도 비판적이라는 사실을 알고 있었다. 시바는 이때의 모습을 당시 이미 산케이를 그만두고 쓰쿠바대 교수가 된 아오키 아키라에게 편지를 써서 알렸다.

최근 아오키가 『주간 아사히』에 연재한 '시바 료타로에게서 온 편지'에서 밝힌 대화를 읽으면, 삼촌이 젊은 조카에게 되풀이하여 집안의 전통을 설명하는 것처럼 흥미롭다. 그러나 거기에는 단지 『산케이신문』이나 시카나이만의 일이 아닌, 시바의 신문사에 대한 관점이 제대로 드러난다.


"며칠 전 시카나이 하루오 씨가 내방했는데, 혼자 왔습디다. 좀처럼 보기 어려운 일입니다. 좋은 의미로 덜렁거리는 사람이라는 인상이었습니다(인간은 약간 덜렁거리는 성향이 없으면 아무것도 이룰 수 없습니다. 그게 없이도 할 수 있는 일은 훈고학자 정도일까요).

'당신의 부친이 산케이에서 했던 일은 나도 할 수 있는 일이다'라고 했지요. 큰 것을 작은 것으로 하여 수지를 맞춘 것뿐이며, 작은 것에 대해 빛을 내는 일은 조금도 하지 않았다고 덧붙였습니다. (중략)

'신문사는 인간만으로 하는 사업입니다'라는 말은 그도 백 번 인정했습니다.

'왜 인재를 얻는 일에 가장 노력을 기울이지 않는 겁니까.'

'하고 있습니다만, 급료가 적어서.'

'왜 급료를 적게 한 상태로 경영자인 척하고 있습니까. 경영자로서 그것만큼 부끄러워해야 할 일은 없습니다.'

'어떻게든 하겠습니다. 저는 경영에 온 힘을 다하겠습니다.'

이런 대화였습니다.

여담이지만, '저는 일본의 자랑은 법인주의라고 생각하고 있습니다. 자연인이 법인을 지배하는 것은 홍콩 화교나 미국의 유대인 정도로, 그 외에는 일본의 회사를 부럽게 생각합니다. 산케이는 향후 동료립仲間立(신문사가 사회의 공기[公器]임을 중시해 동료 출자로 회사를 설립·운영하는 방식-역주)이어야 합니다'라고 말하면서 전쟁 전 동료 설립 형태였던 마이니치가 넘어지고 전후 분슌(『문예춘추』)이 그렇게 성공했던 것은 시대에 따른 것이었다고 말했습니다.

더욱이 아사히에 어느 정도 긴장이 있는 것은 현 체제 덕분으로, 즉 억지로 하는 동료 설립 덕분이라는 등등의 말을 하면서, 이 경우의 '동료'는 퍼블릭 스쿨(영국 유명 사립학교를 '퍼블릭 스쿨'이라고 한다.-역주)의 퍼블릭이라는 의미입니다, 라고도 하였습니다.”

## 좋은 예절이야말로

시바가 장문의 편지를 여러 통 보낸 아오키는 시바가 평생 신뢰한 친구의 한 사람으로, 시바는 그에게 한 사람의 신문기자이자 신문인으로서 최대급의 경의를 보내고 있다.

예를 들면 『가도를 간다』 시리즈의 「미우라반도기」에서 아오키에 대해 "서로 젊었을 때 같은 신문사에 있었다. 이 사람이 사회부 데스크였을 때 사건이 일어나면, 사건 그 자체를 이 사람의 커다란 몸과 신경에 푹 담그듯이 덮어씌우고, 음악처럼 다양한 음색을 내게 하는, 다른 사람은 흉내 내기 어려운 지휘를 했다. 대학은 도쿄대학이지만 그 전에는 해군병학교에 있었다. 사건 보도 데스크로서 일솜씨도 함교艦橋에서 함대 결전을 지휘하는 것처럼 늠름함이 있었다"고 칭송하고 있다.


'신문기자는 예절을 바르게 해야 한다'는 생각은 두 사람의 공통점이었다. 아오키가 시카나이 노부타카와 충돌해 쫓겨나듯 산케이를 떠나면서 "다시 태어나도 산케이 기자가 되고 싶다"고 했던 것도 시바의 우정과 이해가 있었기 때문일지 모른다.

아오키는 최근 '시바 료타로의 본래 풍경'이라는 글(『학사회보』 824호)에서 시바가 계속 지니고 있던 '신문기자의 이상형은 옛날 대부분 기자들이 그랬던 것처럼, 직업적인 출세를 바라지 않고, 자신의 일에 비상한 열정을 쏟으며, 게다가 그 공명功名은 결코 보답을 받는 바가 없다'고 하는 기자상을 소개한 후 다음과 같이 적었다.

"시바 씨가 기자 시절 얻은 '무상의 공명주의'라는 신문기자의 행동원리는 '인간의 투명성'으로서 훗날 그가 그린 모든 '사나이'들은 물론 일상의 인간을 바라보는 기준이 되었다. 그리고 스스로에게도 그 투명성을 계속 부과했다고 생각된다."

시바 문학의 본향

변방의 눈 —

후기를 대신하여

—이시이 히데오 石井英夫(1933~ ), 『산케이신문』 논설위원 역임

영화 《올빼미의 성》이 완성된 1999년 가을, 시노다 마사히로 감독과 이시하라 신타로石原慎太郎(1932~ , 작가·도쿄도 지사 역임)가 대담했다. 대담은 길지만, 오고간 말 중에 이런 부분이 있었다.

**시노다** : 저는 시바 료타로라는 사람은 신문기자였다고 생각해요. 러일전쟁이라 해도 그것을 정면으로 나가서 보러 갔다, 그것은 저널리스트였기 때문이지요. 문사文士가 아닌 소설을 썼다고 생각합니다. 요시카와 에이지吉川英治(1892~1962)와 비교하면 잘 알 수 있어요.

**이시하라** : 역시 기자입니다. 시바 씨와 몇 번인가 저도 함께 여행했는데 재미있었죠. 그 사람은 언제나 지명사전이란 걸 가지고 걸어요. 그리고는 '여기에 뭐가 있나. 이시하라 씨, 잠깐 가지 않을래요' 하지요. 한번은 이치조다니一乘谷(전국시대 에치젠[越前]의 다이묘 아사쿠라[朝倉]의 성관 소재지)로 그가 안내했습니다. 저만 시바 씨와 갔어요.

**시노다** : 아사쿠라의 조카마치城下町(전국시대 영주의 거점인 성을 중심으로 형성된 마을-역주) 말씀이죠?

**이시하라** : 이제는 뭐 아무것도 없어요. 소나기가 내려서요. 줄곧 큰 연못이라 할까 습지가 있는데 말이죠. 거기 농가의 한 사람이 밭을 매고 있을 뿐. 하아, 하고 시바 씨도 개탄했지만 역사라는 게 이런 식으로 파묻혀 지나가고, 과연 그렇구나 생각했네요. 그런 곳은 시바 씨 아니면 데리고 가지 않아요. (『산케이스포츠』11월 4일 자)

작가 시바 료타로가 '기자의 눈'을 가지고 소설을 썼다는 관점은 비교적 넓고 깊게 세상에 퍼져 있다. 그리고 작가로서의 시바 료타로론論은 한우충동汗牛充棟(수레에 실어 끌면 마소가 땀을 흘리고 쌓아 올리면 들보에 닿을 정도로 책이 많다는 말-역주)할 만큼 세상에 넘쳐난다.

하지만 이상하다고 할까, 신문기자 시바의 모습은 그려지고 있지 않다. 시바 료타로가 『산케이신문』 문화부 기자 후쿠다 데이이치였다는 것은 알려져 있지만, 기자 시절의 그가 어떠했는지는 거의 이야기되지 않는다.

기자 시절의 시바 씨는 어떤 취재를 하고, 어떤 기사를 쓰고, 어떤 술을 마셨는지, 그것을 알고 싶다. 그런 일이 헤이세이平成 (1989~2019년-역주) 시대의 신문기자에게 어떤 지침이 되고, 이제 기자를 하려는 젊은이들에게 얼마든 길잡이가 된다면 기쁘겠다. 가능하다면 시바 문학의 아득한 '본향'을 찾는 실마리가 된다면 망외의 기쁨이겠다.

그런 시점과 동기와 의도 아래에서 태어난 것이 이 기록이다.

우선 이 책을 취재하고 집필한 기자를 소개하겠다. 2, 3, 7, 8장은 사라키 요시히사皿木喜久(『산케이신문』 논설위원)가, 서장과 1, 4, 5, 6장은 시카마 고이치鹿間孝一(도쿄 본사 사회부 차장 겸 논설위원)가 담당했다.

둘의 공통점은 모두 교토의 대학을 나와 시바가 일한 같은 교토 지국 출신이라는 것이다.

사라키는 1947년 가고시마 출생으로 교토대학 문학부를 졸업했다. 시바 씨와 직접 면식은 없지만 학생 시절 시바의 소설을 가까이했다. 교토지국 시절 자주 후쿠다 기자에 대해 들었다. 특히 당시 산카이 히데아키山海秀明 지국장은 신입일 때 시바 씨의 후임으로 대학을 담당한 사람으로 시바 씨가 "여기가 교토대학이다"라고만 하고 인계를 끝냈다는 이야기(제3장)를 들려준 사람이다. 그 얘기는 시바 씨답다고 지금도 인상이 남는다. 이번 취재에서 그 산카이 씨도 1990년 사망했다고 들었다. 지국 시절 시바 씨처럼 대학과 종교를 담당했는데 시바 씨와는 다르게 사건만 잔뜩 취재하게 되었다는 것이 아쉬움이었다.

또 하나. 시바 씨는 『가도를 간다』의 「무쓰陸奥(현재 후쿠시마·미야기·이와테·아오모리)의 길, 히사쓰肥薩(현재 사가·나가사키·구마모토·가고시마)의 길 외」 중에서 고향인 가고시마현 아이라始良군 가마우초蒲生町에 대해 소개하면서 이 마을 출신도 몰랐던 마을의 역사를 발굴해주었다. 게다가 '이 마을 사람은 순박하다고 알려진…'이라고 크게 찬사를 보냈다. 그 깊은 취재력과 따뜻한 시선에 감격해 '훌륭한 역사가'의 역할을 통감했다고 회고한다.

또 시카마는 1951년 홋카이도 출생으로 도시샤대학 법학부를 졸업했다. 교토지국 시절은 교토부 경찰서와 대학을 담당했다. 지국 기자였던 시바 씨는 종교 기자실에 앉아서 거의 원고를 쓰지 않고 혼간지의 서고를 뒤적이며 자료를 탐독했다고 선배 기자에게 들었다.

1990년 여름 밤, 조간 데스크를 하고 있던 때 시바 씨 부인 미도리 씨로부터 전화를 받았다. 어느 유명한 작가가 사망해 사회부 기자로부터 시바 씨의 코멘트가 필요하다는 전화가 있었다고 한다.

그러나 시바 씨는 후에 추도문을 쓰는 것으로 하고 코멘트는 전화로는 하지 않는다고 그렇게 거절해도 그 기자가 끈질기게 포기하지 않아 시바 씨가 분개하고 있다는 말이었다. 잘 알아보니 그것은 도쿄 사회부 기자 같았다. 부인에게 정중하게 사과하고 전화를 끊었는데, 나중에 그 사과하는 태도가 좋았다고 칭찬을 들었다. 시바 씨와의 접점은 그 정도밖에는 없다고. 이런 것도 말하고 있다.

시바 씨의 기자 생활은 약 16년, '그사이에 회사를 세 번 바꾸고 취재의 사냥터를 여섯 차례 편력했다.'(『명언수필 샐러리맨』) 그 왕년의 '사냥터'의 흔적을 찾아 두 취재자는 몇 차례나 도쿄와 교토·오사카를 왕복했다. 그것은 종전 직후의 불에 타고 불 기운에 그을린 시대로 아득한 50년 전 옛날이다. 세상이 바뀐 것이 문자 그대로 상전벽해여서, 증언이나 사진을 찾아 돌아다녔지만 많이 흩어져 사라졌다. 그래도 주로 산케이 OB를 비롯한 26명(뒤에 기록)이 인터뷰에 응해 기억을 뒤적이고 자료를 발굴하는 데 협력해주셨다. 정말 감사했습니다. 글 중에 경칭을 생략한 것을 용서해주시길 바랍니다.

아래는 시바 선생의 붓을 흉내 내어 말하자면, 건지지 못한 나머지 이야기이다.


## 다시 태어나도

"다시 태어나도 또 신문기자가 되겠다." 기회 있을 때마다 입버릇처럼 말했던 시바 씨의 술회였지만 『마이니치신문』 출신 이노우에

야스시井上靖(1907~1991)도 똑같은 감개感慨를 술회한 문장이 있다.

이노우에 씨는『검은 밀물』이라는 소설에서 시모야마下山 사건(일본이 연합국 점령하에 있던 1949년 7월 5일 국철 총재인 시모야마 사다노리[下山定則]가 출근 중 실종돼 이튿날 사체로 발견된 사건. 자살과 타살을 규명하지 못하고 미제 사건이 됐다.-역주)을 취재한 신문사 사회부장의 고뇌를 테마로 했다. 시모야마 총재의 죽음은 타살인지 자살인지 수사도 신문도 둘로 나뉘었는데, 그런 복잡한 사회적 사건을 취재 활동으로 삼는 책임자의 고통을 그렸다. 당시 주오코론사에서 나온 신서『신문 읽는 방법에 관한 12장』(류 신타로[笠信太郎] 외, 1954년) 중「신문기자라는 것」이라는 장에 이런 내용이 있다.


"신문기자는 '시간의 영웅이다'라고 말한 사람이 있다. 젊은 신문기자와 말하고 있자면 확실히 짧은 시간의 영웅이라고 생각한다. '오늘은 톱기사 썼어요'라고 그는 말한다. 이때 그 기자의 눈빛은 아름답다. 그는 확실히 영웅이다. 그러나 이 영웅도 석간이 나오기 전까지 짧은 시간의 영웅이다. (중략)

나는 이런 젊은 기자가 좋다. 나도 다시 한 번 더 태어난다면, 역시 신문사 입사 시험을 치르고 신문기자가 될 것이라 생각한다. 무례한 도시의 신사가 되어 시간의 영웅이 될 것을 목표로 할 것이다."


이어 이노우에 씨는 소설가 입장에서 말하면 신문기자에 대해 쓰기는 대단히 어렵다고 덧붙였다. "다른 직업인은 확실하게 다른 하나의 분위기를 몸에 지니고 있다"고 해도 좋지만, "신문기자를 그리는 일은 다른 어떤 직업인을 묘사하는 것보다 어렵다". 영화에 나오는 신문기자가 대개 예외 없이 경박하게 덜렁거리는 사람으로 되어 있는 것도, 그만큼 신문기자를 연기하는 것이 어렵기 때문이라고 술회하고 있다. 동감하는 기자가 많을 것이다.

거지는 3일 하면 그만두지 못한다고 항간에서 말하지만 신문기자라는 직업도 거지 비슷한 타성과 맛이 있다고 한다면 그것은 왜일까. 이것에는 더욱 많은 검증을 기다려야 한다.

그런데 시바 씨가 세상을 떠나고 열흘이 지난 1996년 2월 22일자 『도쿄신문』 석간 칼럼 '대파소파大波小波'에 다음과 같은 글이 실렸다.

"시바 료타로의 죽음을 애석히 여기는 마음은 다른 사람에게 지지 않는다. 칭찬하고 싶은 말은 산처럼 있다. 훌륭하다는 상찬이 그렇게 어울리는 필자는 없었다. 쓴 내용이 좋았다. 쓰려는 의향이 좋았다. 시의에도 맞고, 더욱이 문제를 깊이 파악하면서 쉽게 읽혔다. 좋은 의미로 통속의 묘를 살린 능숙한 솜씨였다. 신문기자로서 숙련이 사상의 표현에 바람을 잘 통하고 있다. 이노우에 야스시의 소설에도 그것을 말할 수 있다. 이노우에는 소설가였다. 시인이었다. 시바는 최후까지 '저널리스트'인 채로 사상가가 되고 리포터도 되었다. 시바도 이노우에도 신문기자였던 것이 플러스가 되었고,

또한 그것 때문에 마이너스도 업고 있었다. 꽤 상투적인 문구의 문장을 아무렇지 않게 썼다."

또 계속된다.

"시바의 소설은 상등의 예술작품이라고는 말할 수 없다. 이노우에 야스시조차도 덤덤한 표현에 때로 안이하게 달려가지만, 시적으로 처리했다. 시바 료타로에게는 시라든가 문학이라든가 할 원려遠慮도 심모深謀도 무용한 것처럼 생각된다. 소설은 재미있는 줄거리와 전개를 '발견'하기 위한 장치처럼 사용되었다. 조잡하다기보다, 조금도 상관하지 않는 문장 안에 실로 어른의 발견이나 창조적인 견해가 매력적으로 아로새겨졌다. 저널리스트로서 옥성玉成이 있었다고 상찬하는 것이 적절할 것이다. 시바를 '문학 작가'로서도 극구 칭찬하는 것은 잘못 짚은 것이다. (분야)"

이 칼럼에는 수긍하기 어려운 곳이 있다. 특히 '상투적인 문구의 문장을 아무렇지 않게 썼다'는 행은 전혀 동의하지 않지만, 시바 씨가 '저널리스트로서 옥성(옥처럼 훌륭하게 갈고닦는 일=고지엔[廣辭苑])이 있었다'고 하는 부분은, 이것도 하나의 견식見識을 나타내는 것으로 봐야 할지 모르겠다.

이 익명 평론은 '분야'라는 필명이 붙어 있지만, 이 문체는 어떻게 봐도 신문기자의 것이다. 아마도 기자 출신 평론가가 아닐까. 독설을 특기로 하는 칼럼니스트의 얼굴이 눈에 선하다.

시바 저널리스트설은 또 있다.

시바는『료마가 간다』,『타올라라 검』과 거의 같은 시기『주간 요미우리』에 장편『시리쿠라에 마고이치尻啖え孫市』를 연재했다. 철포 3,000정으로 거대한 위력을 발휘한 기슈紀州 사이카당雜賀党(현재 와카야마현 지역에서 16세기 철포로 무장한 용병 집단-역주)의 젊은 동량으로 천하의 둘도 없는 난봉꾼이었던 사이카 마고이치雜賀孫市를 그린 통쾌한 소설인데, 가도가와角川 문고판 해설을 쓴 평론가 에도 후미오江藤文夫(1928~2005) 씨는 이렇게 해설했다.

"본문 안에 잠깐 집어넣은 인물평이나, 이 '신종교(정토진종)'에 대한 고찰. (중략) 그 배경에는 현대의 사회 기구나 현대인의 생활 방식에 대한 고찰이 있다. 저널리스틱한 눈이 거기에 움직이고 있다."

예를 들면 도키치로藤吉郎에 대해 "오다 노부나가 군의 한 장수에 지나지 않지만, 자신의 직무에 충실한 정도만이 아니다. 총대장인 노부나가와 똑같은 높이에서 아사쿠라성 공격을 파악하려고 했다. 언제나 그런 커다란 견지에서 자신의 작은 직무를 파악하려 한 사내다"라는 식으로 쓰는 것이 그렇다고 지적했다.

이 소설 안에는 자주 글쓴이의 '여담'이나 '잡담'이라는 형태로 사이카당의 자손으로 결성된 '사이카회' 이야기나 '사이카야 백화점'

의 유래 등을 소개한다. 전국시대에 10만 명이라는 인구를 가진 사이카쇼雜賀庄와 전국 각지에 그 자손이 퍼져가는 과정의 설명 등은 현대의 뛰어난 저널리스트 특유의 시각이라 할 것이다.


## 패커드와 자전거

옛날 좋았던 시대의 신문 로맨티시즘, 현대에는 이제 찾을 수 없는 것일까.

1999년 11월 9일 84세로 타계한 연극평론가 오자키 히로쓰구尾崎宏次(1914~1999)는 『도都신문』(현 『도쿄신문』) 기자를 거쳐 연극평론 활동을 시작했다. 신극을 중심으로 폭 넓은 활약을 펼쳤다.

오자키 씨가 1955년에 쓴 책 『신문사』(카파북스)는 베스트셀러가 되었는데, 거기에는 '패커드(미국의 옛 자동차 메이커-역주)를 탄 모리노 이시마쓰森の石松(?~1860, 막부 말기 활약했던 협객-역주)'라는 부제가 붙어 있다. 오자키 씨는 시바 씨와 달리 본인이 지망한 대로 문화부에 배치되었다. 갓 기자가 되었을 때 기분을 다음과 같이 쓰고 있다. 조금 긴 인용이 되겠지만, 그 시대 신문기자의 감정을 잘 전달하고 있다.


"옅은 보랏빛이 스민 신문이 인쇄되면 그 냄새에 매혹을 느꼈다. 그 냄새와 윙윙하며 울리는 윤전기 소리가 내게 '신문기자가 되었다' 하는 확신 같은 것을 불어넣어 언제까지나 떨어질 수 없게 하였다.

그 냄새와 그 울림은 지금도 남성적인 매력이다. 1판, 2판, 3판으로 인쇄되는 신문을 손에 집어 펼칠 때 그 작은 흥분이 젊은이를 사로잡았다. 기름이 스민 종이는 연인 같은 눈빛으로 나를 상대하는 듯한 느낌이 들었다. 그리고 10행도 안 되는 내가 쓴 부분을 두 번도 세 번도 더 읽어보았다. 이 기사를 누가 썼을까 하는 것은 세상 사람 누구에게도 상관없는 이야기겠지만, 누군가는 읽을 것이란 것만은 분명하다고 생각하니 그것만으로 나는 하나의 일을 했다는 만족이 있었다. 그리고 그것만으로 좋다는 소리가 나도 모르는 사이에 가슴속에 가득해졌다."

명문이라 생각한다. 이 문장을 베껴 쓰고 있으니 모르는 사이에 눈물이 나려고 했다. 지금 대부분의 신문사는 편집국과 인쇄공장이 분리되어 있기 때문에 윤전기의 울림도 잉크 냄새도 가까이서 느낄 수는 없다. 신문 제작 그 자체도 모두 컴퓨터 조작으로 되기 때문에 옛날의 신문 로맨티시즘은 먼 과거의 향수로 남게 되었다.

그러나 오자키 씨가 신문에 대해 말한 소박한, 또는 순수한 느낌은 시바 씨가 품었던 감정과 같은 것일지도 모른다. 그것은 늙은 기자 마쓰요시 준노스케의 심정과도 비슷하다.

하지만 그 이후는 상황이 좀 다르다. 오자키 씨는 시바 씨와 거의 같은 시대에 기자를 시작했지만, 그 무렵 도쿄에서는 신문사 깃발이 달린 차를 타고 사거리에 정차하면 사람들이 차 안을 엿보곤 했다.

"저 사람이 신문기자인가, 하는 것처럼 보는 기분이 들어 일부러 과장되게 다리를 꼬기도 했던 것을 기억한다. 이런 묘한 심리는 나중까지도 사라지지 않았다. 내게 말하라고 한다면, 이런 심리 상태가 되는 기자 업종이라는 것은 마치 '고급차 패커드에 탄 모리노 이시마쓰' 같은 것이었다."

즉 독특한 부제는 이런 이유로 붙인 것이다.

『도쿄신문』문화부 기자인 오자키 씨가 '패커드에 탄 모리노 이시마쓰' 같은 기분을 천진난만하게 만끽하고 있을 때, 오사카의 불탄 자리에 있던 작은 신문사에 취직한 시바 씨는 어떤 생각을 했을까. 고급차에 몸을 뒤로 젖힐 수 없었던 것만은 틀림없다. '자전거를 탄 잇신 다스케一心太助(옛 소설 희곡에 등장하는 인정 많은 생선장수-역주)' 정도의 기분이었을지 모르겠다. 아니, 아마 자전거도 없이 걸어 다녔을 것이다. '발'에만 의지했고 발로만 일하는 마음가짐이었던 것으로 생각된다.

시바 씨가 스스로 '비천한 야인 무사 출신'이라고 자조한 일이 자주 있었지만, 어쩌면 진실한 의미로 '자찬自贊'인 것은 아니었을까. 그리고 '무상의 공명주의'라는 투명한 기자 정신에 이끌리고 있었다는 증언도 있고 '뉴스원은 자신의 손과 발로 찾아라' 하는 것이 시바가 후배 기자에게 인계한 방식이었다. 킨카쿠지 화재 사건에서 방화했던 21세의 수행승의 동기가 '종문에의 불만'이었다는 특종을 잡았던 것도 교토지국 시절 후쿠다 데이이치의 발이었다 한다.

그런데 그렇게 되면 종교기자실 소파에 누워 책만 읽었다고 하는 '전설'과 모순이 된다. 어느 쪽이 시바 씨의 기자 시절 실상일까. 아니, 모순이 되는 것에 오히려 인간의 본질이 있다. 『올빼미의 성』은 이가伊賀의 닌자 쓰즈라 주조처럼 자유롭게 나타났다 사라지고 신출귀몰하는 점을 그야말로 밑천으로 삼고 있다. '닌자는 지금으로 말하면 신문기자다', 이것도 시바 씨가 평소 말하는 술회였다. '발'과 '독서'는 반드시 상반되는 것이 아니었다.


## 변방의 눈

발을 말한다면, 훗날 시바 씨는 '가도街道'로 긴 여행에 나섰다.

1970년부터 만 25년을 넘는, 전 생애 3분의 1에 해당하는 큰 여행이었다. 그것도 일본만이 아니라 한국과 몽골, 뉴욕과 네덜란드까지 발을 뻗었다. 물론 중국 대륙으로도 자주 건너갔다. 시바 씨가 깊은 관심을 보인 대상은 늘 변방의 소수민족들이었다. 그들의 종교와 문자, 풍속과 관습이라 할 문화에 대해 다정한 눈길을 줄곧 가졌다. 한족漢族이 이민족이라 부르고, 야만족이라 부르고, 변방 민족이라고 부르는 사람들이었다.


"중국에서 소수민족은 56개라고 하지만 각각의 선조들은 긴 역사 속에서 낮은 땅으로 내려와 그 혈액과 문화를 중국 문명이라는 도가니 속에 녹아들게 했다. 거꾸로 말하면 소수민족의 고유문화는 문명이라는 보편성으로 승화하기 전에는 자질구레한 것이었다고 생각하지만, 한족은 오랜 기간 그것을 생각지 못한 채, 자신의 화華(문명)에서 궁벽한 곳에 남아 고유문화를 간직한 집단은 이夷(오랑캐)라고 하며, 화·이를 대립 개념으로 여겨왔다."

화이華夷 질서에 대한 강한 의문과 불신을 『가도를 간다』의 「중국 촉과 운남의 길」에서 표명하고 있다. 그 '변방의 눈'이 시바 씨가 중국을 바라보는 사관의 근저를 이룬다.

『몽골 기행』에서는 "(소년 시절) 몽상의 대상은 동양사에 등장했던 이상한 민족에 대해서였다"고 말했다.

"옛 시대의 한족 문명은, 이들의 종족 이름을 한자로 적을 때, 심한 문자를 사용했다. 짐승을 뜻하는 '犭(개사슴 록)' 변이나 벌레를 뜻하는 '豸(벌레 치)' 변으로 표현하는 종족 이름이 많다. 주나라 시대 북방의 몽골 고원에 있던 민족을 험윤獫狁 등으로 부르곤 했다. '험獫'은 사냥개의 일종으로 주둥이가 긴 개를 말한다. 개와 동류로 집어넣은 것이다. 이 '험윤'이 한나라 시대에는 흉노匈奴라고 불리게 되었다."

생각해보면 어느 민족에도 많든 적든 자기중심주의가 있지만 이렇게 무시무시한 중화사상에 시바 씨는 질렸다. 확실히 말하면 험오했다.

"'흉匈'은 가슴胸이라는 의미도 있지만 '흉흉'이라고 하면 시끄럽게 떠든다는 의미도 갖고 있다. 한족 입장에서 보면 흉노는 말이 다르기 때문에 (중략) 북방의 기마민족은 떠들썩하게 흉흉한 무리들로 보였을 것이다."

개인적인 일이지만, 이때 10년간 시바 씨의 뒤를 따라 조금 중국의 오지를 걸어 소수민족 사람들을 만났다. 실크로드 서쪽 끝 타클라마칸사막 마을 카슈가르의 위구르족, 오르도스 황토 고원에서 말을 달렸던 몽골족, 옥룡설산玉龍雪山(중국 윈난성-역주) 기슭 여강麗江의 옛 거리를 지킨 나시족, 구이저우貴州성 돌투성이 가난한 마을에 사는 푸이족, 팬더가 있는 스촨四川성 주자이거우九寨構에서 생활하는 티베트족…. 이런 소수민족들이 얼마나 차가운 눈으로 베이징을 바라보고 있는지 알았다.

시바 씨의 중국사관은 그런 사람들의 시선이 있고, 시좌視座를 갖고 있다.

중국 고대사는 농경민족인 한漢이나 당唐과 유목민족인 흉노, 돌궐, 선비가 벌인 사투와 각축이었다. 꺼림칙한 그 이름처럼 일본도 만리장성의 안쪽에서 바깥쪽을 볼 때 정체를 알 수 없는 오랑캐의 땅이었지만, 시바 씨는 장성의 바깥쪽에서 베이징을 보는 방식이었다.

그것은 '비천한 야인 무사'라는 입장에서 '지체 높은 귀족'을 쳐다보는 시점이다. 지방 지국 기자의 눈으로 오사카 본사 기자들을 보던 청춘의 날들이 시바 씨의 역사관의 바탕에 웅크리고 있는 것처럼 생각하게 된다.

『가도를 간다』는 시바 씨 평생에 걸친 커다란 업적이 되었다. 뜬금없지만, 그것은 엔닌円仁(자각대사, 794~864)의 『입당구법순례행기入唐求法巡禮行記』에 비견된다.

794년 시모쓰케下野(현 도치기현)에서 태어난 엔닌은 히에이잔比叡山에 올라 사이초最澄(766~822, 일본 천태종을 연 승려-역주)를 스승으로 삼아 배우고, 마흔두 살 때 견당유학생에 선발되어 당으로 떠났다. 10년에 걸친 불교 유적 순례와 유학 기록인 『입당구법순례행기』는 마르코 폴로 『동방견문록』, 삼장법사 현장의 『대당서역기大唐西域記』와 더불어 세계 3대 여행기라고 일컬어진다. 정확한 문서로는 아마도 세계에서 유례를 찾을 수 없는 불후의 명작이라 할 것이다.

이 엔닌의 기록(일기)은 헤이본샤平凡社에서 동양문고 상하 두 권으로 출간했는데, 이를 보면 놀랄 만한 내용이다. 견당사 배가 건너는 동중국해 바닷물 색깔이 미묘하게 변한다는 사실부터 쓰기 시작해 상륙하여 고되고 힘든 여정과 지나가는 길의 상황을 극명하게 적고 있다. 메뚜기의 습격을 받은 논밭의 참상, 흉작에 고통을 겪는 마을 모습, 채소와 쌀의 가격, 숙소 비용의 높고 낮은 수준, 시주하는 이들의 좋고 나쁜 점, 험로를 걸어가는 시간과 거리, 눈에 보이는 기름진 들판과 거친 고원 및 심산유곡 묘사에 이르기까지 세세하게 기록해 생생하게 보여준다. 바로 9세기 중국 사회의 실상과 생태를 보여주는 최고의 기록이자 걸출한 르포르타주이다.

엔닌은 아마도 일본 저널리스트의 비조鼻祖이며, 시바 씨는 그 흐름을 이어받은 사람이라고 생각된다.


사람 꼬시기

시바 씨로부터 때때로 엽서를 받았다. 엽서 전체에 굵은 만년필로 작은 글씨를 빽빽이 써넣는 게 보통이었다. 개인 편지이기에 약간 꺼려지지만, 저널리스트 시바 씨의 면목을 알리고 싶어 공개한다.

"(전략) 뭐라 해도 이 역사적인 시대(옛 세기가 격렬히 시들어가고 있습니다. 소련의 국내 제국주의, 대전쟁 가능성의 소실, 심지어 버블경제의 극적 파탄)에 이시이 씨는 현장의 한복판에 있어 자신의 호흡을 계속 쓸 수 있습니다. 오늘『아사히신문』의 하타 쇼류秦正流(1915~1994) 씨로부터 편지가 왔는데 '노구로 현장에 몸을 두지 못하는 안타까움'이라는 말이 있었습니다. 이시이 씨는 그런 지복至福을 얻은 사람이라고 생각하니 눈물이 날 정도로 기쁜 일입니다. 젊은 무사처럼 단단하고 유쾌하게 한 회 한 회 써나가주세요. 뛰어난 재질과 조심스러운 인품에서 말할 때, 이시이 씨는 일본 기자 중에서 가장 행복합니다. (후략)"

(1991년 7월 20일)


시바 씨는 '사람 꼬시기'로 유명하다. '여자 꼬시기'라는 말은 있지만, 시바 씨는 사람을, 특히 후배를 치켜 올리고 격려해 마음이 내

키도록 한다. 발분하게 하여 기세를 타게 한다. 그런 온정을 가진 사람이었다. 뉴스 속에 있으며 칼럼(산케이초) 담당 현장에 있는 후배를 "그대는 행복의 한복판에 있다"며 질타하고 격려한다. 시바 씨는 그런 사람이었다.

또 이런 일도 있었다.

『가도를 간다』 시리즈의 하나로 1993년 7월부터 「대만 기행」이 『주간 아사히』에 연재되었다. 시바 씨는 거기에서 대만의 유민流民과 고난과 영광의 역사에 애정을 갖고 "걸어가면서 대만에 대한 사랑과 위기감을 가졌다"고 적고 "한 인간의 통각痛覺으로서 대만의 미래가 걱정스럽다"고 썼다. 그 대만 여행에 대해 "수고하셨습니다" 하고 편지를 보냈더니 엽서를 보내주셨다.

"엽서 보내주어 감사하고 염려해주셔서 기쁘고 (이 '감사하고/기쁘고'는 거꾸로입니다) 작금의 시기를 보내는 것이 벌써 아득합니다.

요시다 노부유키 씨에게 정말 신세를 졌습니다. 노부유키 씨의 마음은 탄성彈性이 강하더군요. 제가 고무공 위에 좋게 올라타는 형태로 신세를 지고 말았습니다. 덕분에 대만을 잘 이해하게 되었습니다. 대만 문제는 타오르는 숯불이기 때문에 맨손으로 잡는 것은 어렵습니다. 지금은 오직 내 손가락 타는 냄새만 맡고 있습니다. 새해 복 많이 받으시기를 바랍니다. 12월 20일." (전문, 1994년)

리덩후이 총통으로부터 '대만인으로 태어난 비애'라는 유명한 문구를 끌어낸 일로 알려진 이 「대만 기행」은 국내외에 커다란 반향과 파문을 불러일으켰다. 왜냐하면 리덩후이와의 대담에서 시바 씨는 대담하고 솔직하게 이렇게 말했기 때문이다.

"베이징 정부는 그 넓은 판도에 대하여 잘하고 있다고 생각합니다 다만, 과거에 시민사회나 법치국가를 경험하지 못했습니다. 그러므로 천안문 사건이 일어납니다. 대만은 우리 것이라고 합니다. 이 것은 19세기 이전의 영토와 판도, 또는 잡거지雜居地의 구별도 없었던 때의 동양적인 센스입니다. 한족이라 하더라도 대만은 대만인의 나라입니다."

"중국의 높은 사람은 대만이란 무엇인가를 근원적으로 세계사적으로 생각한 적도 없지요. 중국이 티베트를 그대로 국토로 하고 있는 것도, 내몽고를 국토로 하는 것도 주민들 입장에서 보면 실로 이상한 일입니다. (중략) 내몽고도 티베트도 주민은 고통스러워합니다. 그것을 다시 한 번 대만에서 하려 한다면 세계사에서, 인류사의 참화가 될 것 같네요."

날카롭고도 격렬한 이 발언은 예상대로, 아니 예상 이상의 반향을 불러 '베이징 정부'와 '중국의 높은 사람'이 격분했다. 시바 씨의 신변에도 이러저러한 정치적 역풍이 거세졌다. 그렇게 들끓는 내외의 논의와 파문을 '타오르는 숯불'로 적절히 형용하고 '내 손가락

타는 냄새'로 표현했다. 진실로 신문기자다운 예리한 비유이며 저널리스트 특유의 기발한 레토릭(수사법)이었다.

이 주장 또한 화이 질서에 대한 강한 이의 제기이며, 중앙의 본사가 뭐냐고 하는 지방 지국 기자의 기개라고 할 수 있다. '변방의 눈'은 여기에서 빛났다.


## 붓놀림

늦가을 어느 날 오사카로 가서, JR 순환선 쓰루바시역에서 내려 긴테쓰나라近鉄奈良선 이마자토今里로 가는 길을 걸어보았다.

패전한 해인 1945년 말 '닳아서 떨어진 제대군인 외투 주머니에 손을 넣고' 걸었던 시바 씨가 공습으로 타고 남은 '기자 모집' 전단지를 보았다는 길이다. 군고구마를 두 조각 정도 허기진 배에 욱여넣고 이카이노猪飼野 방향으로 돌아서려고 할 때 누군가 어깨를 쳤다. 훗날까지 행동을 함께한 오다케 데루히코 씨와 인생을 결정하는 운명적인 만남을 한 거리였다.

쓰루바시역 인근 어두운 국제시장은 고기 굽는 고소한 냄새가 가득한데, 그 아케이드를 빠져나가 이마자토로 가는 길을 찾았다. 여기는 신구新舊가 뒤섞인 거리였다. 옛것이 새것으로 계속 바뀌고 있다. 기울어진 집들이 헐리고 그 안쪽에 번쩍번쩍 빛나는 맨션이 속속 출현했다. 대로에 공습에도 간신히 타고 남은 것처럼 보이는 전쟁 전의 그림자도 보인다.

나중에 기억을 위해 오사카부가 만든 공습 피해 지도를 가져와 보니 오사카는 1945년 6월 7일과 15일 두 차례 공습을 받았고, 특히 심대한 피해를 본 곳은 오사카역 부근과 이곳 쓰루하시 부근이었다. 그러나 쓰루하시역 인근 서쪽과 북쪽은 크게 피해를 보았지만 이마자토와 이카이노 부근은 기적처럼 무사했다고 한다.

과연 그랬던 것일까. 그 거리에는 명확히 전쟁 전의, 어쩌면 다이쇼 모더니즘을 나타내는 것처럼 보이는 레트로(복고풍) 감각의 점포가 아직 남아 있다. 이발소, 잡화상, 채소가게, 포목점, 펌프·파이프 각종 간판을 단 가게들…. 그리고 오래된 스테인드글라스를 박음질한 '찻집 다마이치玉一'라는 점포가 있다. 이상하게도 길거리로 좌우에서 흘러드는 골목길은 직각이 아니라 비스듬히 들어오고 있다. '찻집 다마이치'도 길을 따라 가게 구조가 삼각형 모양이다. 잠깐 쉴까 하고 앞으로 돌아가니 벌써 가게는 닫았고 문에는 먼지가 쌓여 있었다. 그런 길목에서 잠시 산책하는 게 일과였던 시바 씨가 모습을 나타낸 듯한, 그런 착각에 빠진 것이었다.

시바 씨가 처음 신문기자로서 문을 연 『신세카이신문사』는 이카이노에 있었다고도 하고 아지하라초昧原町에 있었다고도 전해진다. '카스바(알제리 수도 알제의 원주민 주거지역으로 프랑스 지배 때 범죄자의 거리로 유명했다.-역주) 같은 고무 제조업자 거리 속에 작업 신발의 냄새와 섞여 그 신문사가 있었다'. 그러나 목조 2층 건물이었지만 윤전기를 갖췄다고 하니 그럭저럭 괜찮은 신문사였을 것이다.

만약 그 신문사가 아지하라초에 있었다면 쓰루바시역의 서북쪽이다. 오사카 공습 피해 지도에 따르면 6월 7일 공습으로 피해를 본 지역에 위치하고 있다. 그러나 이제 아지하라초는 스포츠 체육관과 사무실이 있는 높은 빌딩이 많은 거리로 변모했다. 아지하라초를 담당하는 덴노지天王寺(천왕사) 경찰서 후나바시船橋 파출소에 들렀다.

"그거 몇 년도 때 얘기입니까", "1945년이나 1946년쯤입니다만", "죄송합니다. 제가 아직 태어나지 않았을 때이네요". 중년의 파출소 경찰관은 미안한 듯이 말했다.

그런데 1장에서 언급한 것처럼 오다케 씨의 증언에 따르면 '기자 모집'이란 전단지가 붙어 있던 곳은 '이마자토 암시장'이 아니라 '우메다 암시장'이었다 한다.

시바 씨는 왜 착각하여 적었던 것일까. 사소한 착각이었다는 관점도 불가능한 것은 아니다. 그러나 아무래도 좋은 것 같기도 한데, 아무래도 좋지 않은 것으로 생각할 수 있다.

왜 착각한 것일까, 아니 애당초 오해였을까. 그렇지 않다, 시바 씨는 확실한 계산 아래 '이마자토 암시장'으로 바꿔놓은 것이다?! 인생의 운명을 결정한, 초겨울 찬 바람을 맞던 불탄 흔적의 '기자 모집' 전단지는 다른 곳에 있어서는 안 되었다. 이야기의 짜임새를 고려해 생각을 거듭할 때 아무래도 이마자토나 이카이노의 암시장이 아니면 안 되었다.

이곳은 오사카의 풍토 중에서도 가장 나니와浪速(오사카의 옛 이름-역주)의 냄새와 매력을 갖춘 곳이다. 그 때문에 아무래도 이야기의 무대를 여기로 설정할 필요가 있었다.

"신문은 재미없으면 안 돼. 기사는 흥미롭게 쓰지 않으면 안 돼." 시바 씨는 이렇게 설파했다고 한다.

지금까지 신문기자와 저널리스트라는 개념을 그렇게 구분하지 않고 적당히 나눠 써왔지만, 실제로 둘은 확실히 준별되지 않으면 안 되는 것 아닐까. 즉 시바 씨는 신문기자이기보다 오히려 저널리스트였다. 물론 큰 저널리스트여야 할 것이다. 거기에 시바 씨 방식의 날카로운 메타포(은유)와 화려한 레토릭(수사법) 구사를 탐색하는 실마리가 있다. 어쩌면 거기에 작가 시바 료타로의 '소설 작법'을 푸는 열쇠가 숨어 있는지도 모른다.

시바 씨를 민속학과 생물학의 거인 미나카타 구마구스南方熊楠 (1867~1941)와 나란히 한다 해도 그렇게 이론異論은 나오지 않을 것이다. 1867년 와카야마에서 태어난 미나카타 구마구스는 독학으로 점균류粘菌類(단세포 진핵 미생물-역주) 채집 연구에 나서 런던으로 건너가 대영박물관 촉탁연구원이 되었고, 초인적인 행동력으로 '걸어다니는 백과사전'으로 불리면서 수많은 전설을 낳은 주역이었다.

그야말로 천재라는 이름을 떨친 미나카타였는데, 그는 '특유의 붓놀림'이 있었다고 고사카 지로神坂次郎(1927~ )가 쓴 『속박된 거인—미나카타 구마구스의 생애』(신초샤)에 기록되어 있다.

미나카타의 방대한 문서와 담화와 편지에는 "듣는 사람이 눈을 반짝이며 좋아할 만한 이야깃거리를 꾸며내려고 하는 장난꾸러기 같은 면"이 있었다고 한다. 그런 미나카타의 독특한 행동방식을 자세히 알고 붓놀림을 간파하여 이면을 제대로 살피지 않으면 대부분의 '미나카타전傳' 같은 실수를 저지르게 된다는 것이다.

미나카타와 시바 둘을 겹쳐서 생각하는 것이 맞는지 아닌지는 모르지만, 시바 씨에게도 저널리스트로서의 붓놀림이 있었다. 일류의 '사람 꼬시기'도 역시 미나카타와 비슷하게 사람을 재미있게 하려는 다량의 서비스 정신과 충서忠恕(충실하고 인정 많음-역주)의 친절함이 발휘된 것에 틀림없다.

이야기가 뒤바뀌지만, 여기까지 썼는데 우연히 읽은 책 속에 신문기자로서의 직업윤리 내지는 마음가짐 같은 것에 대해 흥미롭게 기술한 것이 있다.

마이니치 기자였던 평론가 도쿠오카 다카오德岡孝夫(1930~ )의 신간 『오쇠五衰의 인간—미시마 유키오 개인 기록』(분슌문고, 신초학예상 수상)이다.

여기에 따르면 미시마 유키오三島由紀夫(1925~1970)라는 작가는 "메모하는 걸 잊어버릴 정도로 홀려서 듣게끔 이야기를 하는 사람"이라고 한다. 그리고 신문기자는 비판정신을 갖고 취재 대상과 거리를 두어야 하는 직업이라면서 이렇게 말한다.

"나는 애써 내가 느낀 감동을 죽였다. 빠지면 안 된다, 나는 취재의 프로다, 기생이 손님의 정욕을 감동 없이 처리하듯이 일을 해야 한다고 자신을 타이르면서 상대에게 빠져들지 않으려고 했다."

이 표현에는 도쿠오카 씨의 독특한 해학과 골계라는 조미료가 뿌려져 있기에 곧이곧대로 받아들일 수는 없지만, 기자는 필요 이상으로 취재 대상에 가까이 가면 안 된다고 하는 지적은 중요하다. 그러나 또한 기자는 때로 호랑이 굴에 들어가지 않으면 호랑이 새끼를 잡을 수 없다. 상대의 품속으로 뛰어드는 교활한 꾀와 재치, 만용과 결단이 필요할 경우도 있다.

과감히 두 유형으로 나눌 때 시바 씨는 어떤 유형에 속할지는 상상에 맡긴다.


## '사나이'로서

시바 선생 댁에는 모두 세 차례 찾아간 적이 있다. 모두 히가시오사카에 있던 옛집이었다. 혼자서 방문했던 날 받은 『공해空海의 풍경風景』에는 '1977. 4. 29, 시바 료타로'라고 굵은 글씨 먹으로 쓴 이름과 일시가 적혀 있다. 시바 씨는 좌담의 명수로 유명했기에 긴 시간 앉아 있게 되어서 부담스럽지 않은 음식 이야기를 하게 되었다.

예를 들면 이런 화제였던 것 같다. 『오솔길』은 5개월 넘는 긴 여행 끝에 쓴 책인데 먹는 이야기가 한 번도 나오지 않는 이유는 무엇인가. 바쇼芭蕉(1644~1694)는 미식가였는데, 죽을 때 설사를 한 원인도 버섯을 너무 많이 먹었기 때문이라는 설이 있다는 정도만 썼을 뿐이다.

시바 씨가 먼저 말한 문제였던지, 내가 꺼낸 이야기인지는 잊어버렸다. 당시 시바 씨의 가설에 따르면, 바쇼는 가는 곳마다 지역 명산만 대접받게 되어 질려버렸다고 했다. 바쇼는 초대한 스폰서가 있어 여행한 것이었기 때문에 그 고장의 특산물, 잉어라면 잉어만 밥상에 오른다. 지긋지긋해서 그랬을 터인데, '아하하' 웃었다.

소설가 이부세 마스지井伏鱒二(1898~1993)에 대한 이야기도 나왔다.

"이부세 씨는 순수한 분이지요. 깊은 호수처럼 너무도 맑은 사람이었어요. 한밤중에 전화를 걸어서 가르쳐달라고 해요. 뭔데요 하고 물으면, 에도의 쇼군에게 헌상하는 차는 다호茶壺(차단지)에 넣어 도카이도東海道(현재 미에현에서 이바라키현에 이르는 태평양 쪽 간선도로-역주)를 통해 운반하는데 그 차단지는 어디에서 구운 것이냐고 합니다. '쓱쓱 깨소금 된장을 갈면 차단지 일행이 온다기에 집에 가서 문을 닫고'라는 옛 동요의 그 차단지 말씀인가요? 한밤중이잖아요. 할수 없이 야마자키 마사카즈山崎正和(1934~2020) 군에게 물었더니 조사해주어서 찻집 마당에서 구웠던 사실을 알게 되었어요. 이것도 한밤중 전화였지요."

그런 이야기를 듣고 싶어서 문득 찾아뵙고 싶어졌다. 생각해보면 당치도 않게 무례한 질문이었다.

"시바 문학의 최고봉은 무엇입니까?"

시바 씨는 놀란 듯이 나를 바라보며 이렇게 말했다.

"게로(개구리의 애칭-역주) 씨는 어찌 생각해?"

부끄럽지만 '게로'는 나의 별명이다. 경찰서를 돌며 취재할 때부터 타사에 특종을 빼앗기기 일쑤였는데, 그래도 태연하게(일본어 '게로리') 있었기 때문에 이렇게 불렀다. 시바 씨는 내 이름을 부른 적이 거의 없었다.

설마 역습을 당하리라고는 생각하지 않았기 때문에 당황해서 허둥지둥 이렇게 답했다.

"『타올라라 검』이라고 생각합니다만."

물론 확신이 있는 건 아니었다. 시바산맥에는 높고 빼어난 봉우리가 많은데, 역사소설의 원점이라 할 수 있는 작품이라는 정도의 인식밖에는 없었다.

그러자 시바 씨는 먼 곳을 응시하는 듯하다가 "나도 그렇게 생각해"라고 말씀했다. 이 또한 시바 씨가 친절한 마음으로 '서恕'라는 정신에서 한 말이었는지도 모르겠다.

『타올라라 검』에는 '사무라이'로서 죽으려 하는 '사나이'가 등장한다. 히지카타 도시조土方歳三(1835~1869)이다. 이른바 시바 미학을 체현한 인물로서, 시바 씨는 후기에 "남자의 전형을 하나씩 써나가려 한다. 그런 동기로 나는 소설을 쓰게 된 것이라는 생각이 든다"고 썼다. 그리고 소설에서 히지카타로 하여금 "나는 백성 출신이지만 그래도 무사로서, 무사처럼 살고 죽으려고 생각한다. 세상의 변화와는 그다지 인연이 없는 인간이다"라고 말하게 했다.

히지카타의 생사에 대한 자세는 "자신이 택한 인생에 후회 없이 목숨을 바친다"는 것을 젊은 시바 씨에게 가르쳐준 노기자 마쓰요시 준노스케와 서로 겹쳐진다.

1996년 2월 12일 국립오사카병원에서 눈을 감을 때 시바 씨의 눈꺼풀 속에 떠오른 고별의 풍경은 기자 인생이었을까, 작가 인생이었을까. 알 수 없는 일이지만 어떤 것인지 찾아보고 싶다.

집필에는 다음 분들이 원고를 보내오거나 이야기를 들려주어 크게 도움을 받았다. 깊이 감사드린다. 경칭은 생략한다.

아오키 아키라靑木彰, 이노우에 하쿠도井上博道, 우에다 신야植田新也, 우에무라 히로유키上村洋行, 오다케 데루히코大竹照彦, 가쿠타 요시오角田吉夫, 구보우치 다카오키窪内隆起, 스기야마 나오키杉山直樹, 세가와 다모쓰瀬川保, 다나카 히로시田中博, 다나카 준조田中準造, 도모다 세키友田錫, 나카이 가즈야中井一矢, 하야마 후미아키端山文昭, 후쿠이 다다오福井忠男, 모리시타 도시야森下俊也, 요시다 도키오吉田時雄, 요시다 노부유키吉田信行, 와타나베 시로渡辺司郎 이상 『산케이신문』 및 『오사카신문』 관계자

야마노 히로시山野博史(간사이대학 교수), 스에쓰구 세쓰코末次攝子(오사카부 고문), 시나오카 가네아키等岳兼昭(오이타 겐쇼지 주지), 사가에 히로코佐賀枝弘子(전 『주가이일보』 기자), 다나카 마스미田中眞澄(교토 시묘인 주지), 노로 요시노리野呂好德(우메다화랑 회장)

후쿠다 미도리

그리고 책을 출간하는 데 후소샤扶桑社 서적편집부 호시노 도시아키星野俊明 씨, 니시바타 요코西端洋子 씨가 도움을 주었다. 다시한 번 감사드린다.

기자 시절의

칼럼

시바 료타로는 '풍신風神'이라는 필명으로『산케이신문』자매지『오사카신문』문화면에 칼럼을 집필했다. 당시 문화부 기자로 담당했던 문학과 미술을 비롯해 학술, 종교, 세태풍속을 다뤘다. 후배인 미우라 히로시 씨는 "잘 쓴다고밖에 말할 수 없었다. 박람강기博覽強記가 뒷받침된 명문장, 이 사람은 타고난 칼럼 쓰는 이, 요즘 말로 칼럼니스트라고 생각했다"고 감탄했다.

1954년 지면에서 '풍신'이란 이름으로 쓴 칼럼을 일부 소개한다. 지금 다시 읽어도 앞을 내다보는 안목과 함축성이 있고 무엇보다 재미가 있다. 시바 씨는 서른한 살이라고는 생각할 수 없을 만큼 자유자재로 모습을 바꾸는 도깨비 같은 필력을 자랑한다.

# 강담講談 부활

지금 역사 교과서에서 영웅은 부정되고 있다.

모두 역사법칙이라는 놈으로 골격을 짜고 역사적 사실은 단지 살을 붙이는 것으로 말하는 데 지나지 않는다. 물론 역사 이야기는 없다.

따라서 미나모토노 요리토모源賴朝(1147~1199)라는 남자는 농민과 하급무사의 지지를 받아 헤이안平安체제 노예경제를 뒤엎은 봉건제의 수립자라는 인상밖에는 없고, 구스노키 마사시게楠正成(?~1336)는 고다이고後醍醐 천황天皇을 수반으로 하는 반동세력의 주구走狗라고 밖에는 생각하지 않는다.

지금 고등학생에게 물어보면 알 수 있다.

주민 봉기 지도자 오시오 주사이大塩中齋(오시오 헤이하치로, 1793~1837)는 알지만, 전국시대 초기 책사 사이토 도산齋藤道三(1494~1556)은 알지 못한다. 역사교육의 옳고 그름은 차치하고, 이래서는 재미없는 것만은 틀림없다. 역사교육에는 민족 역사의 서사시라는 요소가 있어야 좋을 것이다.

아니, 역사교육을 말하려는 게 아니라 강담講談(연사가 역사나 전쟁 등의 이야기를 청중에게 하는 일-역주) 책의 부활 문제를 말하려는 것이다.

K사가 강담 전집을 냈다. 이에 대해 비평가 여러 사람이 입과 펜을 번거롭게 하고 있다. 민주주의를 무너뜨리고 봉건적인 의리와 인정이

부활하는 조짐이라는 것인데, 말이야 전적으로 괜찮다.

하지만 여러 비평가들의 연배라면 소년 시절 다쓰카와문고立川文庫 (강담을 기록한 문고본 시리즈로 1911년부터 1924년까지 196종이 출간되며 큰 인기를 끌었다.-역주)에 열중했을 것이다. 노구치 히데요野口英世(1876~1928)는 죽기 전 병상에서 강담 '미야모토 무사시宮本武蔵(1584~1645)'를 읽고, 이렇게 재미있는 걸 읽은 적이 없다고 감탄했던 일화가 있다.

강담과 역사와 문학을 함께 동일시하려는 것은 아니지만, 당대의 역사도 재미가 없으면 문학도 재미가 없는 것이다. 강담에서 진화한 대중소설이 강담보다 재미있으면 강담이 유행할 리가 없다. 최근 시대소설이 저조한 것은 그것이 출현한 쇼와 시대 초기부터였다.

그 구멍을 강담이 메우고 있다. 도대체 누구의 죄인가.

(1954년 6월 26일 자)

# 완물상지玩物喪志

어떤 일로 다인茶人들이 모인 자리에 들어갔다가, 지금에도 다도적인 분위기를 갖는 치매성에 경탄했다.

다행히도 자리에 있는 사람들은 50대 이상 연배가 대부분이었다. 다행이라고 한 것은 그 분위기가 만약 20~30대 사람들의 것이었다면, 일본 지성의 앞날은 섬뜩한 것이라고 생각했기 때문이다.

물론 나는 다도의 자리를 많이 보지는 못했다. 이런 느낌을 받은 것은 이 자리뿐으로, 다른 자리에서는 이런 일이 없을지도 모른다. 그러므로 이 문장은 굳이 '이 자리에서는'이라는 한정 책임으로 해둔다.

먼저 종장宗匠은 50대 남성으로, 개인에 대한 평이 되어 꺼려지지만, 엄숙한 표정을 지을수록 우스꽝스러운 느낌이 나는 인물이다.

지성에 결함이 있어 그렇게 보였는지도 모른다. 또는 다도의 규칙이 유일한 정신 기준이라고 믿는 인간의 결함이 그렇게 보이게 했는지도 모른다.

이런 것을 진정한 유머라고 할 것이다. 턱을 앞으로 내밀고 검은 와후쿠和服(일본 전통 의상-역주)는 위로 살짝 올려 뒷목을 드러낸 모습이다. 천을 들어 목을 약간 흔들면서 그릇을 닦는다. 몸짓은 가부키식으로 양식화되어 있다. 이런 것을 리큐利休(1522~1591, 일본 다도를 정립한 센 리큐[千利休]-역주)식이라고 하는 것일까.

자리에서 '츄' 하는 애교스러운 음향을 내면서 한 차례 차를 마시자, 이번에는 색깔 있는 찻잔이 돈다. 이어서 차 도구.

"좋네요, 이건 논코(16세기 도예가 라쿠 도뉴[樂道入]의 별칭-역주)입니까. 흠~, 눈요기 하네요" 같은 대사가 염불처럼 입에 붙어 나온다. 이것도 양식화되어 있다. 대체로 일종의 '쓰라네(가부키의 만담조 대사-역주)'라고 생각하면 된다. 본심은 조금도 좋다고 생각하지 않을지도 모르지만, 하찮은 것이네요 같은 본심을 드러내면 완전히 다도의 반역자가 된다. 여기에서는 주체를 몰각한, 완전한 타협성만 통용되기 때문이다.

대개 미의식이라는 것은 그 당시 시대의 사상을 기반으로 하여 태어나는 것이다.

와비(다도가 추구하는 간소하고도 조용한 아취-역주)의 미학이나 찌부러진 찻잔을 진기하게 여기는 것은 히가시야마東山(무로마치 시대 중기인 15세기-역주) 이래 메이지 시기까지 도피적인 불교사상이라는 기반이 있었기 때문으로, 태풍이 불어도 '노와키野分(태풍을 우아하게 부르는 일본어-역주)가 왔나' 하고 조용히 있을 수 없는 요즘, 움푹 파인 찻잔을 진귀하게 여기는 것은 상당히 치매적인 회고 취미를 필요로 한다.

'완물상지玩物喪志'라는 말이 있다. 골동 같은 것에 빠지면 인간 정신을 잃는다는 의미다. 3,000년도 더 오랜 옛날 중국인이 한 말이다.

(1954년 6월 3일 자)

# 문학의 영역

문학의 영역을 일찍이 순수문학과 대중문학으로 나눠왔다. 그런데 현재 대중문학이라는 영역은 사실상 소멸했고, 그 빈 공간 안에서 새롭게 중간소설과 오락소설 두 개의 영역이 생겨 획기적으로 판도를 나누고 있다.

'대중문학'이라는 말의 개념은 다이쇼 말기부터 쇼와 초년에 이르기까지 오사라기 지로大佛次郎(1897~1973), 시라이 교지白井喬二(1889~1980), 요시카와 에이지吉川英治(1892~1962), 하세가와 신長谷川伸(1884~1963) 등이 일으킨 시대소설이나 마키 이쓰마牧逸馬(1900~1935), 기쿠치 간菊池寛(1888~1948), 요시야 노부코吉屋信子(1896~1973), 기쿠치 유호菊池幽芳(1870~1947) 등을 정점으로 하는 통속소설을 막연히 지칭하는 게 문학사적인 통례였다. 현재 그들은 문단의 거장에게 추앙받고, 작품도 순수문학과 대중문학의 담을 넘어 폭 넓은 지지자 위에 서 있다. 또 그들의 뒤를 이어 하지 세이지土師清二(1893~1977), 가이온지 초고로海音寺潮五郎(1901~1977), 무라카미 겐조村上元三(1910~2006) 등 시대소설을 쓰는 작가들도 함부로 대중적, 통속적이라고 이름 붙일 수 없는 향기와 밀도를 적어도 가지려고 고심하고 있다.

문학사에서 말하는 대중문학은 사실상 소멸했다고 봐도 좋다.

원인은 다양하게 생각할 수 있지만, 최근 십수 년간 소설을 읽는 독자 영역에서 커다란 변화가 일어 문학 애호자의 영역과 통속파의 영역 사이에 지적 생활파라고 할 만한 광대한 영역이 생겨난 것이 그 하나다.

그 지적 생활파를 만족시키기 위해 순수문학 작가도 크게 민족 이동을 하여 중간소설이라고 하는 새 영역에서 기존 대중작가와 손을 맞잡았다.

그리고 오락소설이다. 기존 대중작가의 옛 둥지였던 오락잡지에 정착한 새로운 오락소설 작가들은 왕년의 대중문학이 해온 낡은 수법을 조잡하기 짝이 없는 테크닉으로 반복하는 데 지나지 않는다.

우선 조금도 재미가 없다. 이건 오락소설로는 치명적인 결함이다.

다음으로 인간의 심리를 무시한, 가미시바이紙芝居(여러 장의 그림으로 이야기를 설명하는 그림 연극-역주)도 흥을 깨뜨리는 줄거리가 너무 많다. 비현실적인 구상으로 전체 줄거리를 제멋대로 바꿔도 상관없지만, 심리의 줄거리조차 부합하지 않으면 아이들에게 들려주는 옛날이야기도 될 수 없다.

사실 이들 오락소설 독자층이 전쟁 전과 비교하면 줄어들고 있다는 것은 오락잡지의 인기가 전쟁 전과는 말할 수 없을 정도로 낮아지고 있다는 것만으로도 확실하다.

대중은 오락소설 작가보다도 영리하다.

(1954년 5월 29일 자)

# 풍자만화

도사土佐(시코쿠 고치현)는 요시다(요시다 시게루[吉田茂], 1878~1967) 총리의 고향이지만 한편으로는 재상宰相을 희롱하는 것으로 밥을 먹고 있는 만화가 요코야마 류이치橫山隆一(1909~2001), 요코야마 다이조橫山泰三(1917~2007) 형제도 낳았다.

그런데 지난번 형제를 선두로 하여 만화가 집단의 면면이 도사로 몰려들었다. 배가 고치高知에 가까이 가자 도사에 단 한 대밖에 없는 비행기가 마스트 위에 용자勇姿를 드러내고 폭음 소리 높여 축하 비행을 한 것을 비롯해 도사의 신문이 환영 사설을 실었고, 고치 상공에 수십 발의 불꽃이 터져 도저히 손쓸 수 없을 만큼 환영 인파가 몰렸다 한다.

이걸 가지고 반反요시다 정치 현상이라고 말하려는 건 아니다. 대중의 풍자만화에 대한 평가와 기대가 전에 없을 정도로 높아진 것을 보여준 일례에 지나지 않는다.

어떤 대중잡지에서든 요즘 만화보다 재미있는 소설이나 읽을거리가 있다면 만나보고 싶다. 살아 있는 사회 감각을 갖지 못한 소설, 논리를 끼워 맞추는 데 바빠서 직관력이 부족한 평론, 그런 걸 수천만 자의 활자로 엮어봐도 탁월한 풍자만화 한 장 앞에서 시들어버리기 십상이다.

보기에 따라서 풍자만화는 언어를 그림 속에 숨긴 문학이기도 하다. 게다가 그 표현 능력은 상대의 지성과 감정에 호소하는 점에서 어떤 문학 형식보다 풍족하다고 말할 수 있다.

칭찬이 좀 지나쳤으니 만화인 여러분에게 찬물도 드리겠다.

이 정도의 표현 형식을 갖고서, 게다가 황금시대를 맞고 있으면서, 음미할 만한 작품을 그리는 이가 겨우 대여섯 명에 지나지 않는 빈곤을 어떻게 하느냐는 것이다.

수요가 공급을 넘는 황금시대가 되었기에 옥석이 함께 영광을 구가하고 있지만, 언제까지나 그렇게 좋은 시대가 지속되지는 않는다.

만화는 어느 정도는 작품이 좋고 나쁜 정도를 비평가의 해설 없이 누가 보더라도 단번에 알 수 있는 냉엄한 상품이다. 대중은 언제까지나 응석 부리게 놓아두지 않는다.

(1954년 7월 3일 자)

# 오우미견사近江絹絲와 불교

고슈江州(현재 시가현인 옛 오우미[近江] 지역의 별칭-역주)라는 땅은 아시다시피 고슈 상인의 본거지이지만 전교대사傳敎大師(일본 천태종을 연 승려 사이초[最澄], 766~822) 이래 고승대덕高僧大德을 배출한 곳이기도 하다.

300년 내려와 니시혼간지의 금성탕지金城湯池(견고한 성과 해자-역주)에서 절에 시주하는 집이 50곳만 있으면 자식을 대학에 보낼 수 있다는, 승려에게는 감사한 땅이다. 오사카 재계의 고슈 출신 중에도 대단히 독실한 신자가 많다. 평생 주판알을 튕기다가 그 마지막 알을 덜컥 아미타님께 드린다는 것이 고슈 사람의 인생관이다.

이런 땅에서 오우미견사近江絹絲(오우미견사방적회사. 종업원에게 기숙사 생활을 강제하고 불교식 예배를 강요해 1954년 6월 2일부터 9월 16일까지 노동쟁의가 발생했다.-역주), 요컨대 나쓰카와夏川 집안이 등장했다.

조합 측 주장에 따르면, 사장 나쓰카와 씨는 종업원에게 나쓰카와 가문의 불교식 예배를 하게 하거나 설교를 들으라고 강요했다고 한다. 그게 정말이냐고 눈을 비비고 다시 떠야 할 만큼 옛날 시대 같은 이야기다.

게다가 니시혼간지에서 포교승려가 나왔다는 것은 사실인가 보다. 그중 어느 덕망 있는 스님이 '아무래도 잠이 덜 깬 설교입니다' 하고 폭로한 것을 필자도 들은 적 있다. 어쩐지 우리의 포교가 도구로 사용

된 것 같은 느낌이 든다는 것이었지만, 어떤 의미의 도구인지 그가 자세히 말하지는 않았다.

종교는 아편이라고 마르크스는 악담했다. 현세의 고뇌를 천국으로의 관심으로 바꿔치기하여 민중의 정당한 요구를 잠재우는 지배계급의 도구라는 것인데, 물론 종교 쪽에서도 잠자코 있지는 않았다. 지금까지 100년간 마르크시즘과 가톨릭 사이에 아편 논쟁을 둘러싸고 피투성이 대결이 벌어져왔다.

덕분에, 말하자면 마르크스 군 덕분에, 가톨릭은 중세적인 불합리성을 씻어버리고 지금은 그 교학 속에 노동 이론마저 생겨 미국 등지에서 노조 지도자인 신부도 있다고 한다.

오우미견사에 포교하러 가는 것도 승려 입장에서 볼 때 순수한 동기에서 나온 터일 것이나 그 포교 무대가 어떻게 연출되며, 또한 제3자에게 어떤 눈으로 보일 것인지 판단할 수 있는 양식과 신경을 가졌더라면 좋을 뻔했다.

불교는 가톨릭에 비하면 근대사상과 마주한 것이 한 세기 늦었다. 그러므로 이 사건을 가지고 불교를 공격하거나 냉소할 것이라고는 생각하지 않는다.

다만 이 사건을 계기로 불교계에서 살아 있는 사회와 경합하는 기운이 일어나면 나쓰카와 씨는 스님들에게 뜻하지 않은 역연逆緣의 은인恩人이 될 것이란 말을 교계 사람들에게 하고 싶다.

(1954년 6월 24일 자)

# 전위꽃꽂이론論

요즘 종종 전위꽃꽂이(일본 패전 후 근대적 조형이라는 관점에서 소재를 꽃에 한정하지 않고 여러 소재를 함께 쓰면서 유행한 꽃꽂이 방식-역주) 전람회가 열린다. 그런데 '전혀'라고 말해도 좋을 만큼 괜찮은 작품을 만나기가 어렵다. 유행하는 정도에 걸맞게 왜 그렇게 좋은 작품은 나오지 않는 것인가. 이쯤에서 작가들이 진지하게 생각해야 할 시기가 온 것 같다.

앞서 이 칼럼란에서 전위꽃꽂이 작품이 좋지 않은 것은 이를 하는 사람에게 미美나 조형에 대한 소양과 눈이 없기 때문이라고 말했다.

그것도 중대하게 반성해야 할 부분은 틀림없다. 전위꽃꽂이가 회화적 요소와 조각적 요소로 구성된 이상 그런 훈련이 없는 모래 위에 어떤 형태로도 예술의 누각이 세워질 리가 없기 때문이다.

그들은 재기才氣, 단지 그것 하나로 행할 수 있다고 착각하고 있다. 아니 재기조차 필요하지 않고 외국 잡지를 그대로 베끼는 모방, 이 한 수로 속이고 넘어갈 수 있다고까지 생각하는 듯하다.

재기와 모방, 그것만으로는 될 수 없다. 뒤늦게나마 조형을 보는 눈을 뜨려고 모던아트 조각가나 화가를 고용하는 이에모토家元(전통 예술을 전승한 가문 또는 그 집안의 주인-역주)들도 많아졌다. 급조하더라도 이런 기둥을 넣는 것은 아주 괜찮은 일이지만, 그런데 완성품을 보니 아무래도 고용 선생들이 7할 정도 손을 댄 흔적이 짙다. 이렇다면 그저 '컨

닝'일 뿐이다. 이렇게까지 하면서 이에모토 이하 스승님들이 왜 전위 꽃꽂이를 해야 하는 것일까.

말하지 않아도 알지만, 이에모토로서 권위를 계속 가지려는 때문이다. 현대 조형의 최전선에 있는 전위꽃꽂이에 가세하는 일이 구시대적인 이에모토 제도를 보호하고 유지하는 데 도움이 된다고 하는 진귀한 현상 속에 구원하기 어려운 병폐가 있다.

화가 사회라면, 사람들이 고개를 갸우뚱하게 하는 모던아트를 하는 이들은 아무래도 구매층에서 인연이 멀어져 생활이 고통스럽다.

그런데 꽃이라면 모던을 하는 분들이 권위가 되고 돈이 되어 문하생도 따라온다. 꽃꽂이 스승님이나 아가씨분들이 예술을 보는 눈이 높은가 하면 그렇지 않다. 본래 내용 없는 것이 유행을 조건 없이 받아주고 있는 것이다.

그래도 나는 간다고 하려면, 얼른 이에모토나 사범이라고 하는 기묘한 껍질을 벗어버리고 조각가나 화가와 마찬가지로 단독의 조형작가로서 엄격히 홀로 서는 것이 좋다. 그러면 내 입에 거미줄 친다고 말하려면, 옛날 식의 이에모토 경제 시스템에 틀어박혀 격화格花(전통 꽃꽂이 방식-역주)에 정진하는 게 옳다.

예술보다 돈벌이가 먼저이기 때문에 아무리 시간이 지나도 진짜 작품이 나오지 않는 것이다.

(1954년 5월 20일 자)

# 오봉お盆 이야기

슬슬 오봉お盆(양력 8월 15일 전후 지내는 일본의 명절-역주) 시즌에 들어간다. 이 칼럼란도 조금 말향抹香(불공 때 쓰는 가루 향-역주) 냄새가 나도록 하자. 오봉의 기원은 자세히 알려져 있지 않다. 첫째, 중국 토속신앙설이 있다. 중국에서는 한 해를 구획지어 정월 15일을 상원上元이라 하고, 7월 15일을 중원中元이라 부른다. 1년이라는 '시간'이 상원에서 탄생해 중원에서 성숙한다고 상상한다.

태양 빛도 농작물도, 만물 일체가 중원을 정점으로 완전히 성숙한다. 그러나 슬프게도 성숙 다음의 순간에는 '쇠망'이 시작된다. 중국 고대의 민중 시인들은 삶을 기뻐하고 즐거워하는 이날에 죽음으로 가는 내리막길을 엿보면서 마음에 상처를 받았음에 틀림없다. 이런 상심傷心에서 이날 죽은 자의 정령精靈을 위해 비는 풍습이 생겼다.

그런데 언제부터인가, 토속에 불교가 스며들면서 '우란분盂蘭盆(죽은 이들의 고통을 구원하는 뜻으로 음력 7월 15일에 행하는 법회-역주)'이라는 이름의 사상과 행사가 생겼고, 스님들이 전매권專賣權을 갖게 되었다.

『불설우란분佛說盂蘭盆』이라는 불교 경전이 있다. 아마도 인도가 아니라 중국에서 만들어진 경전일 것이다. 석가세존의 뛰어난 제자인 목련존자目連尊者(석가의 10대 제자 중 한 명으로 무간지옥에 빠진 어머니를 구원하기 위해 애썼다고 한다.-역주)라는 사람이 이승과 저승 두 세계를 자유자

재로 오가는 신통력을 얻어 명부冥府로 죽은 어머니를 찾아간다. 그런데 가서 놀랐다. 어머니는 지옥에서 비참하게도 늘 굶주려야 하는 아귀도餓鬼道에 떨어져 계셨다.

어찌할 줄 몰랐던 존자가 스승인 석가세존에게 울며 매달리자, 부처님은 "아니, 별일 아니다. 이걸로 해탈할 게다"라며 술술 써내려간 것이 7월 15일 승려를 공양하라는 처방전이었다.

일본에도 이와 비슷한 전설이 있다. 대략 1,000년 전 견당사遣唐使로 유명한 오노노 다카무라小野篁(802~853)가 돌아가신 어머니를 보고 싶은 나머지 교토의 마쓰바라松原에 있는 로쿠도친노지六道珍皇寺(육도진황사) 우물에서 명부로 들어갔다. 그의 어머니도 무슨 업보인지 지옥에서 계급이 아귀餓鬼였는데, 어떻게든 구해야겠다고 생각했지만 목련존자처럼 석가세존과 스스럼없는 사이는 아니었다. 부득이 7월 15일 그 우물에 고야마키高野槙(일본 금송-역주)를 매달아보니 뜻밖에 어머니가 그것을 타고 훨훨 이승의 고향집으로 돌아왔다.

내일은 지옥의 가마솥에서 대동아전쟁의 유혼, 히로시마와 나가사키의 정령 수백만이 한꺼번에 이승으로 귀향한다.

요시다(총리 요시다 시게루-역주) 씨를 비롯해 재군비파再軍備派 여러분은 고야마키 하나라도 가지고 차분히 이후의 마음가짐이라도 터놓고 얘기한다면 '오봉'의 참뜻도 현대적으로 살리는 일일 것이다.

(1954년 7월 15일 자)

# 이상한 책

○…수소폭탄 실험의 방사능이 미국인의 머리를 침범하기 시작했는지 어떤지는 모르지만, 지금 미국에서 정말 어처구니없는 '과학서'가 날개 돋친 듯 팔리고 있다.

책은 D. 레슬리와 G. 애덤스키가 공저한 『하늘을 나는 비행접시 실견기』. 최근 일본에도 번역되어 고분샤高文社에서 출간했으니 시간 있는 분들은 봐두면 좋겠다.

○…아무튼 저자는 문제의 하늘을 나는 비행접시를 필름에 담은 지 얼마 되지 않아 '우주인'과 회견했다고 한다. 우주인이라는 인물이 자신은 금성인이라고 스스로 밝히고 저자와 의견을 많이 교환했다.

그뿐 아니라 기념 촬영도 했다. 이 사진은 현상했더니 찍히지 않았다는 것인데, 그런 게 특색인지도 모르겠다. 그 대신 금성인의 메시지 사진이 실려 있다. 절대 거짓이 아니라는 말일 것이다. 이상이 제2부 애덤스키 씨의 글이다.

○…제1부는 고고학자 레슬리 씨의 연구 업적이다. 하늘을 나는 비행접시가 실재한다느니 어쩌느니 하는 논의는 이제 최하급 단계라며, 어머나 당신, 아주 오랜 옛날부터 분명히 있었어요,라는 식이다.

"1731년 12월 9일 이탈리아 플로렌스에서 공중에서 기묘한 빛을 내는 공이 있었다"든지 "1704년 1월 8일 영국 상공에 이상한 빛이 보였다" 같은 따위 십수 개 사례를 열거하고, 그 밖에 인도의 고전 『마하바라타』와 『라마야나』 등을 인용해 '과학적 근거'로 삼고 있는데, 그런 정도라면 일본의 할머니 같은 분들이 이 사람에게 도깨비불이나 번갯불 이야기라도 하면 그것도 각각 하늘을 나는 비행접시라고 훌륭한 과학적 근거로 세상에 내놓을 것이다.

『서유기』나 『팔견전八犬傳』(19세기 초 일본 소설-역주)도 단지 소설이 아니다. 크게 '과학'에 도움이 되는 것이다.

일본인은 열두 살이라고 한 것은 분명히 그 나라 사람이었지만, 이런 책이 들어맞는다면 그쪽 사람들도 그다지 대인은 아니다.

(1954년 9월 11일 자)

# 시간 기념일

덴지天智 천황(626~672, 재위 668~672) 시기인 6월 10일 음양료陰陽寮 (천문 담당 부서-역주) 누대에 물시계가 설치되어 이때부터 우리 민족은 시각이라는 규정에 들어갔다. 시계의 역사는 인류 문명과 함께 오래된 일이다.

처음에 이집트인도 중국인도 해시계 또는 물시계를 썼다. 이집트에서는 하루를 24시간으로 나눴고, 중국에선 시대에 따라서 하루 낮밤을 100각, 120각, 180각 등으로 나누다가 송나라 때부터 12시간으로 분할했다. 그사이에 사용된 시계의 종류는 해시계, 물시계 외에 모래시계, 불시계 등이 있다.

덴지 천황 때는 시계를 지키는 12명의 파수꾼 외에 물시계 박사라고 하는 학자를 둘 두어 시간이 될 때 종고鐘鼓를 쳤다고 한다.

당시 '천황의 오우미近江(현 시가현) 궁에 만들어놓아, 시간이 흐르는 대로 치세도 끊어지지 않고'라는 옛 노래가 남아 있을 정도이니까 당시 사람들은 상당히 신기하기도 하고 기쁘기도 했음에 틀림없다.

구노잔久能山(도쿠가와 이에야스를 모시는 신사인 동조궁이 있는 산-역주) 보물관에 멋진 장식으로 치장한 오래된 태엽장치 시계가 보존되어 있다. 그 시계에 새겨진 문자에 따르면 1581년 스페인 수도 마드리드에서 제작된 것으로 되어 있다. 태엽시계가 발명되고 얼마 안 되어 건너온 물건이다.

이 시계가 도래한 때는 정확하지 않지만, 아시카가足利(일본 무가 귀족 가문, 1336년부터 1573년까지 무로마치 막부를 열었다.-역주) 말기 무렵에 이미 시계의 전래가 빈번히 있었다. 노부나가(오다 노부나가[織田信長], 1534~1582)도 시계를 갖고 있었고, 무엇이나 첨단을 좋아했던 히데요시(도요토미 히데요시[豊臣秀吉], 1537~1598)는 여러 종류의 외국 시계를 애용했다.

도쿠가와 시기 쇄국으로 수입이 중지되었으나, 이 무렵 활발하게 국산품이 만들어졌기 때문에 해리스(Townsend Harris, 1804~1878, 초대 주일 미국공사로 미일 수호통상조약을 맺었다.-역주)가 왔을 때 시계를 쇼군가家에 헌상하면서 "당신들은 이런 기계를 본 적이 없지요"라고 허풍을 떨다가 도리어 창피를 당했다고 한다.

이렇게 훌륭한 시계의 역사를 가진 한편 '산속에서 한가로이 지내는 사람은 세월이 흐르는 걸 잊는다'라는 신선 같은 이상이 동양의 전통이기도 하다.

'시간은 금이다'라는 서양 속담을 지은 이가 이를 듣는다면 기가 찰 것 같은 철학이지만, 합리주의가 만능인 요즘, 더욱이 시간 엄수에 저항하고 '세월이 흐르는 걸 잊는' 불굴의 정신을 가진 사무라이가 많은 것이 보기에 따라서는 동양 정신의 정화精華일지도 모른다.

(1954년 6월 10일 자)

# 고즈이光瑞의 업적

o…'메이지 이후 걸출한 인물을 세 사람 찾는다면 오타니 고즈이大谷光瑞(전 니시혼간지 법주, 1876~1948)를 그중 한 사람으로 꼽아야 한다'고 했던 것은 확실히 도쿠토미 소호德富蘇峰(1863~1957)의 말이었다고 생각한다.

특별하다고밖에 형용할 수 없는 정열, 보통의 기준을 뛰어넘는 다기한 재능을 평생 주체하지 못한 이가 오타니 고즈이였다. 정열이 향하는 곳으로 분방한 행동력을 발휘한 끝에 다이쇼 시기 혼간지 재정이 파탄 나기에 이르렀다. 젊을 때 법주의 자리를 조카인 현 문주門主인 고쇼光照(오타니 고쇼, 1911~2002)에게 물려주었다.

1948년 10월 25일 벳푸別府의 임시 거처에서 죽었다. 한 시대의 풍운아를 꾸미기에는 아무래도 쓸쓸한 최후였다.

서거 후 딱 7년째인 10월, 지금 혼간지에서는 경여상인鏡如上人(고즈이의 법명-역주) 법요식을 성대하게 준비하고 있다. 법요식뿐만 아니라 강연, 출판 등으로 그 업적을 현창한다고 한다.

고즈이 같은 인물은, 생전의 경솔함은 건드리지 않는다. 건드리면 본산本山 재정에 큰 구멍을 냈다거나 하게 되는데, 계명戒名(법명)만이라면 어떻게 추켜올리든 상관없고, 이 때문에 뒤늦게나마 크게 현창 사업을 해도 나쁘지는 않다.

ㅇ…이른바 세계적 스케일의 도락자道樂者(취미를 즐기는 사람-역주)였
다. 먼저 학문적 업적의 첫 번째는 스타인탐험대(서양 최초의 실크로드 탐
험가 마크 오렐 스타인[Mark Aurel Stein, 1862~1943]이 이끈 탐험대-역주)와 함께
세계 고고학사에 이름을 남긴 오타니탐험대(오타니 고즈이가 1902~1914
년 3차에 걸쳐 중앙아시아에 파견한 탐험대-역주)의 업적을 들지 않을 수 없다.

1902년 8월 이후 영국, 독일, 러시아 등 각국 탐험대에 끼어 네 차례
(일본 위키피디아 설명에는 세 차례-역주)에 걸쳐 중국의 서역 지방 유적을 답
사·발굴해 세계의 서역 연구에 큰 공헌을 남겼다.

이 일들은 모두 고즈이가 사재를 털어 한 일이다. 국가는 물론 학술
단체로부터도 아무런 지원을 받지 않았다.

게다가 당시 학문적인 효과도 그다지 중요하게 여겨지지 않았기 때
문에 대부분의 발굴품은 뤼순과 베이징박물관에 옮겨졌고, 일부 교토
박물관에 기탁된 유물들도 거의 다 흩어져버려 지금은 오타니가家에
비장秘藏된 일부와 한두 독지가의 손에 보관된 것 외에 국내에서는 전
혀 자취를 찾아볼 수 없다고 하니 놀라움을 금치 못한다.

몰이해만큼 무서운 것은 없다.

(1954년 10월 7일 자)

# 프랑스 소설

N 씨는 고명高名을 숨길 수 없는 문예평론가. 한편으로 진지한 불문학 연구자이기도 하다. 얼마 전 파리로 건너가 평소 사숙私淑하는 소르본의 불문학 교수를 찾아갔다.

"멀리서 무슨 일로?"

"불문학 연구하러."

"언제 삼총사와 달타냥 이야기를 읽은 적 있나?"

"그렇진 않다."

"그러면 프랑스 문학을 말하기에는 부족하다."

이야기가 좀 지나친 까닭에 어쩌면 다소 의도가 들어간 것인지도 모르겠다. 이 칼럼란의 필자는 허튼말 하는 것을 싫어하기 때문에 사료의 완전을 기하기 위해 항간에 퍼진 풍문을 하나 더 전하고자 한다.

주역은 역시 N 씨. 프랑스에 건너가 미리 예약한 하숙집에 즉시 들어갔다. 하숙집 영감이 상냥하게 N 씨의 어깨를 두드리며

"멀리서 무슨 일로?"

이하 대화는 교수의 경우와 같다.

다만 마지막에 영감의 감상이 조금 다르다. 영감은 좀 가엾다는 듯이 N 씨를 보며 "너는 프랑스 문학의 '프'자도 모르는구나. 가엾게도 그러면 연구도 앞날이 어려울 거야."

즉 일본으로 말한다면 『사토미팔견전里見八犬傳』이나 『미야모토 무사시宮本武蔵』를 안 읽었다고 하면, 그래서는 국문학 전공이라고 할 수 있나… 하는 말을 들을 것이다. 어느 쪽 풍문이나 비슷하지만 무언가 진실 같은 것을 함축하고 있는 듯하지 않은가.

교수 이야기의 숨은 뜻을 짐작해보자면, 그 나라 서민의 취향, 애정, 체취를 알고자 하면 그 나라 대중문학을 읽는 것이 좋다는 의미일 것이다.

하숙집 영감의 말은 약간 느낌이 다르다. 아마도 '왜 그렇게 재미있는 것을 읽지 않았는가. 쓸모없는 일본 사람이군'이라는 것이다.

소설이란 재미있지 않으면 안 된다는 굳건한 서민적 신념이 영감의 말 속에 쨍하게 들어 있다. 물론 그런 신념에 있어서는 일본 하숙집 영감님도 한 걸음도 양보하지 않는다.

서민용 문학과 인텔리용 문학. 그리고 후자 쪽에만 평론의 자리를 차리고, 한 나라의 총리가 제니가타 헤이지錢形平次(소설가 노무라 고도[野村胡堂, 1882~1963]가 쓴 탐정소설-역주)를 읽는다는 말을 들으면 이미 그걸로 지상에 생존할 자격이 없는 것처럼 온갖 욕설을 퍼붓는 평론가라는 종족. 이들을 아울러 생각하게 하는 N 씨는 어떤 결론을 내렸는지 아쉽지만 듣지 못했다.

(1954년 6월 5일 자)

# 신중국의 문학

중국 공산당이 정권을 잡고부터 부엌에서 파리가 추방되고 거리에서 먼지가 사라졌는데, 또 하나 중대한 것이 사라졌다. 그것은 제대로 된, 문학 같은 문학이다.

사실 저우우보周五波, 자오수리趙樹理(1906~1970), 바진巴金(1904~2005), 딩링丁玲(1904~1986) 등 당원 또는 친공파親共派 저명 작가부터 중견 작가에 이르기까지 대부분 소설의 붓은 잡지 않고 기껏해야 르포 정도로 적당히 얼버무리고 있다.

젊은 작가의 작품도 극히 유형적이고 공식적인 것으로, 소설이란 작중 인물의 입을 빌려 정책이나 사상을 말하는 대변인 같은 것이라 여기는 듯하다. 그렇지 않으면 처음 대여섯 줄만 읽어도 결말을 알 수 있는 생산 영웅 이야기 식의 소설뿐이다.

역시 좋은 작품이 나오지 않는다기보다 나올 수 없는 실정인 듯하다.

당원 작가 샤오예무蕭也牧의 비극이 좋은 사례이다. 일본에서는 일중우호협회가 번역한 『부부 사이』가 발표 후 상당한 인기를 끌어 문단 지도층으로부터 커다란 찬사를 받은 것도 잠시 『런민일보人民日報』가 프티 부르주아 성향이라고 비판하자 이내 숨통이 끊어지고 말았다.

마침 궈머뤄郭沫若(1892~1978)도 칭찬한 영화 《무훈전武訓傳》이 한번 당 지도부로부터 "봉건계급에 굴종하는 사상을 교묘하게 선전하고 부르주아적 개량사상과 개인주의를 선전하고 있다"고 '비판'을 받자 어제의 명화를 오늘은 반동의 옥문獄門에 세워 민족의 적으로 내동댕 이친 것도 마찬가지다.

　과연 이 4년간 라오서老舍(1899~1966)의 『용수구龍鬚溝』와 『백모녀白毛女』같은 우수한 작품도 나오고 있지만, 현실의 대세는 양과 질 모두 극히 빈약하다는 사실은 제2회 문예공작자대회에서 당원작가인 저우양周揚(1908~1989)도 지적하고 있다.

　중국 공산당 지도부에서도 과연 이런 현상을 우려해 생활노트 쓰는 법까지 간절하게 지도한 새로운 소설 작법 책을 간행했다는데 어쨌든 문학의 맥박은 확실히 멈춰 있다.

　과연 이것이 죽음을 의미하는지 아니면 새로운 중국 문학이 태어나는 과도기의 진통인지 당분간 중국 문단의 움직임이 매우 흥미롭다.

(1954년 5월 22일 자)

# 커피의 다도茶道

엄청 크게 외치는 소리에 놀라 입구 쪽을 돌아보니 일본 전통 의상을 입은 아가씨 셋이 마루를 쿵쿵 디디며 들어왔다. 어느 커피숍의 오후였다.

"아아, 힘들어, 힘들어."

가슴에 팍팍 바람을 넣으면서 메뉴를 함께 바라본다.

"너는 커피?"

"응, 뜨거운 걸로."

"아무튼 커피라도 마시지 않으면 가슴이 가라앉질 않아. 너무 피곤해서 목이 칼칼해."

이런 기세로 이후엔 소리 높여 잡담을 한다. 정말 즐거운 듯하다.

이야기를 들으려 하지 않고도 듣고 있자니, 아무래도 전통 다실에서 돌아온 듯하다. 그것도 셋이 각각 상당한 역할을 다한 후인 것 같다.

화제는 한바탕 스승님 욕으로 활기차다가 영화 얘기에 쓰루노스케鶴之助에 대한 소문 등 실컷 웃음꽃을 피우더니 계산을 나눠서 하고 태풍이 한 차례 지난 듯 서둘러 돌아갔다.

말차抹茶를 입가심하러 커피를 마시며, 다실에서의 지루한 기분을 커피숍에서 푸는 일은 유쾌한 취향이다. 스승님이 와서 보면 졸도할지도 모르지만 정신의 약동을 짐짓 폐쇄하는 일부 다실의 분위기보다 이쪽이 훨씬 건강한 즐거움이 있다.

'정적靜寂'은 아니라도 순수한 '화경和敬(화합하고 삼감-역주)'은 있을 것이다. 선禪에 '차 마시고 가라'는 말이 있다.

차라도 마시면서 얘기하다 가라는 가벼운 의미인데도 그 '마시고 가라'가 어떤 정신을 전하면서 양식화하고, 더욱이 형해화하는 데 이르러, 입가심으로 커피가 필요하게 되었다.

다도가 일본의 정신사와 문화사에 끼친 역할은 확실히 크다. 그렇다 해도 그 모습대로 활개 치며 현대를 활보할 수 있다고 말할 수는 없다.

그 정신과 양식이 현대 감각 속에서 호흡하려면 다도의 선생들이 상당히 공부할 필요가 있지 않을까.

(1954년 9월 16일 자)

# 역사적 연인

◇…다테노 노부유키立野信之(1903~1971)가 『소설신조小說新潮』에 『검은 꽃』을 연재하기 시작했다. 다이쇼大正 시기 아나키스트인 오스기 사카에大杉榮(1885~1923)를 주인공으로 그 시대의 파란에 찬 사회주의 운동을 그리고 있다.

『반란』, 『낙양』 등 미개未開의 분야를 용감히 개척해온 이 작가가 쇼와동란昭和動亂(1932년 해군 청년 장교들이 총리 관저에 난입해 이누카이 쓰요시[犬養毅] 총리를 살해한 5·15사건, 1936년 육군 청년 장교들의 반란인 2·26사건 등 쇼와 시대 벌어진 군국주의 사건들-역주)의 대전제가 되는 다이쇼 시기 사회적 배경과 혁명운동을 그려내 쇼와사 문학에 한 획을 그을 심산일 것이다. 현재 모든 작가의 창작 활동 중에서 가장 주목할 만한 일의 하나다.

◇…그런데 오스기 사카에의 극적인 생애에서 가미치카 이치코神近市子(1888~1981), 이토 노에伊藤野枝(1895~1923)와 삼각관계, 아마카스 마사히코甘粕正彦(1891~1945) 대위가 그를 학살한 일은 가장 잘 알려진 사건이지만, 다테노는 우선 가미치카, 이토와의 복잡한 연애를 첫 주제로 삼았다.

당시 신문 기사나 오스기의 수기에서는 오스기의 냉정함에 흥분한 가미치카가 하야마葉山(가나가와현 마을-역주) 숙소에서 오스기에게 상해를 입혔다고 하는데, 경위는 그렇다 해도 가해자 가미치카의 심리는 필시 본인 아니면 알 수 없는 점이 있을 것이다.

◇…성가시게도 당사자 가미치카는 살아 있을 뿐만 아니라 현역 사회평론가이자 참의원 의원이기도 하다. 그런데 그녀는 이 사건에 관한 한 스스로 기록으로 남기는 걸 특히 피해온 듯하다.

그 이유도 이해가 된다. 이는 단지 사적인 사건에 지나지 않고 공표할 의무가 전혀 없기 때문이다.

◇…과연 역사 연구로서는 오스기 사카에가 아무리 다이쇼 시기 중요한 역사적 인물이라고 해도 그의 연애 사건의 상세한 사정을 거론하기에는 충분치 않다. 그러나 역사문학이라면 사정이 다르다.

연인의 기분을 상해 사건에 이르기까지 끌고 간 오스기라는 인간과 그 체취는 당연히 중요한 취재 대상이 될 수 있을 것이다.

◇…그러나 가미치카는 일단 취재를 거부하는 형태를 취했다. 다테노와 편집자가 그녀의 여행지까지 쫓아갔지만 끝내 목적을 이루지 못했다. 원고는 사전에 가미치카에게 전하기는 했지만 그녀는 "다테노 씨의 성의 있는 태도에 면제"라는 이해할 수 없는 이유로 그 원고를 훑어보지 않고 그 경위 몇 줄을 소설의 마지막에 실은 데 불과하다.

◇…가미치카의 태도를 비난할 이유는 조금도 없다. 이 경우 작품 그 자체의 인상보다 역사적 인물과 사랑의 한 조각을 나눠 갖고 사는 일이 얼마나 어려운지 느끼게 한다.

(1954년 7월 10일 자)

# 주신구라忠臣蔵

○…영화가 준 자극 때문인지 '주신구라忠臣蔵(주군인 아코[赤穂, 현 고베] 지역 번주 아사노 나가노리[浅野長矩]를 위해 복수한 46인의 사무라이 이야기-역주)'에 관한 이야기가 최근 세간에서 화제가 되고 있다.

지금도 그렇기는 하지만, 지방 순회공연 연극 등에서 관객이 계속 적으면 최후의 수단으로 주신구라를 내놓는다. 틀림없이 흥행 보증이라고 한다.

○…대개가 원래 형태 그대로 특별히 전후戰後의 새로운 해석도 없는 것 같다. 주제는 변함 없이 '주군을 위해 죽는 충성심'이란 점에서 짜내고 있다. 원형 그대로가 아니라면 관객으로부터 인정받지 못할지도 모른다.

○…문학 쪽에서 주신구라에 혁명적인 해석을 더한 작품으로 쇼와 초년에 오사라기 지로大仏次郎(1897~1973)가 쓴 『아코 낭인 사무라이』가 있다. 의로운 사무라이의 쾌거라는 해석은 오이시 요시오大石良雄(1659~1703)가 겐로쿠元祿(1688~1704년 시기)라는 화미華美한 시대를 무대로 삼은 대규모 연극에서 비롯했다 한다. 습격하기 전에 떨어져 나온 오야마다 쇼자에몬小山田庄左衛門과 모리 고헤이타毛利小平太를 배후 인물로 쓰고, 오야마다를 근대적인 니힐리스트로 만들어냈다.

○…항간에서는 기라 고즈케노스케吉良上野介(아코 번주 아사노를 죽게

한 기라 요시히사[吉良義央]의 다른 이름-역주)가 극악무도한 탐관오리라고 하지만, 실은 상당한 문화인일 뿐 아니라 영지에서는 얻기 어려운 명군이었다고 전해진다. 작가 오자키 시로尾崎士郎(1898~1964) 씨 등은 극단적인 기라 고즈케노스케의 팬으로 그의 선정善政 방식을 상당히 조사했다. 기라 고즈케노스케의 봉토이자 오자키 씨가 태어난 곳인 산슈기라三州吉良(현 아이치현 니시오시-역주) 마을에서는 선정이 지금까지 전해져 내려와 옛날부터 부근에서 주신구라 연극을 하려 하면 무대는 때려 부서지고 연기자는 반죽음 꼴을 당한다고 한다. 가벼운 세금을 매긴 은덕이 지금도 미치고 있기 때문이다.

ㅇ…한편 아코번의 정치는 어떠했나. 다키카와 마사지로瀧川政次郎 (1897~1992) 박사의 연구에서는 매우 무거운 세금을 매기는 정치였다고 한다. 그 때문인지 지역에서는 지금까지 주신구라에는 열광하지 않는다 한다. 알부자의 실태는 어쩌면 그런 점에 있는지도 모른다. 아니 세금에 대한 원한만큼 무서운 것도 없다.

(1954년 10월 21일 자)

## 시바 료타로 약력

1923년    8월 7일 오사카시에서 출생
1936년    4월 시립 우에노미야上宮중학 입학
1941년    4월 오사카외국어학교(현 오사카외국어대) 몽골어과 입학
1943년    9월 학병으로 나감. 효고현 가코가와加古川의 전차 제19연대 입영
1944년    12월 육군전차학교를 졸업하고 만주 무단장의 전차 제1연대 배속
1945년    8월 도치기현 사노佐野에서 종전을 맞이함
            12월 오사카『신세카이신문』 기자
1946년    6월 교토『신니혼신문』 입사
1948년    6월『산케이신문』 입사, 교토지국 근무, 종교·대학을 담당
1952년    7월 오사카 본사 지방부로 전근
1953년    5월 문화부 근무, 미술·문학을 담당
1955년    9월『명언수필 샐러리맨』을 집필
1956년    2월 문화부 차장, 5월『페르시아의 마술사』로 고단클럽상 수상
1959년    1월 마쓰미 미도리 씨와 결혼, 11월 문화부장 대리
1960년    1월『올빼미의 성』으로 제42회 나오키상, 같은 달 문화부장, 4월 출판
            국 오사카 주재 편집부장
1961년    3월 출판국 차장을 마지막으로『산케이신문』 퇴사
1962년    6월『산케이신문』에『료마가 간다』 연재
1963년    8월『선데이마이니치』에『나라 훔친 이야기』 연재
1966년    9월『료마가 간다』 등으로 기쿠치 간菊池寬상 수상
1968년    4월『산케이신문』에『언덕 위의 구름』 연재
1971년    1월『주간 아사히』에『가도를 간다』 연재 시작. 5월 한국에 취재 여행
1973년    2월 베트남 취재 여행
1976년    4월『공해의 풍경』 등으로 일본예술원 은사상
1981년    12월 예술원 회원으로 선출
1986년    5월『산케이신문』에『풍진초』 연재 시작
1991년    10월 문화공로자로 선정
1993년    11월 문화훈장
1994년    3월 리덩후이 총통과 대담하기 위해 대만 방문
1996년    2월 12일 오후 8시 50분 복부 대동맥류 파열로 국립오사카병원에서
            사망

## 문예춘추 문고판 후기

—사라키 요시히사皿木喜久(『산케이신문』논설위원)

이 책『신문기자 시바 료타로』를 산케이신문뉴스서비스(현 산케이신문출판)에서 단행본으로 출판한 때는 2000년 2월이었다. 시바 씨가 별세한 후 4년 지난 때였다.

출판한 해부터 다시 4년 후인 2004년 일본은 러일전쟁 개전으로부터 정확히 100년 되는 해를 맞았다. 그래서 다시 주목을 받았던 작품이 시바 씨의『언덕 위의 구름』이었다. 말할 필요도 없이 마사오카 시키正岡子規(1867~1902, 하이쿠 시인)와 아키야마 요시후루秋山好古(1859~1930, 육군 대장을 지낸 군인으로 일본 기병의 아버지라 불린다.-역주)·아키야마 사네유키秋山真之(1868~1918, 러일전쟁 때 전투에 참여, 해군 중장)형제라는 에히메愛媛현 마쓰야마松山시에서 자란 세 젊은이를 중심으로 러일전쟁과 그 시대를 그린 걸작이다. 이데올로기에서 벗어나 철저히 사실에 입각한 이 역사소설은 일본인이 그 시대를 돌아보는 데 최적의 텍스트였기 때문이다. 그 후 NHK에서 처음으로 TV 드라마로 만들었다.

시바 씨가『언덕 위의 구름』을『산케이신문』에 연재했던 때는 1968년 4월부터 1972년 8월까지였다. 그 준비, 즉 취재에 5년여가 걸렸다고 한다. 그렇다 해도 이미 전쟁부터 70년 가까이 지났던 때였다. 당연히 그 대상은 공적인 기록과 연구서, 증언집 등이었고 더불어 당사자의 유족들에게 이야기를 들었다. 하지만 얼마 안 되지만 전쟁을 직접 보고 들은 사람의 증언도 나오는데, 독자의 한 사람으로서 놀란 적이 있다.

예를 들어 일본해(동해-역주) 해전 항목에서 나오는 사토 이치고로 佐藤市五郎(1889~1974) 씨라는 고령자다. 사토 씨는 1905년 5월 27일 쓰시마해협에 떠 있는 외로운 섬 후쿠오카현 오키노시마沖ノ島에서 무나가타타이샤宗像大社(일본에서 가장 오래된 신사 중 하나. 『일본서기』와 『고서기』에 나온다.-역주)의 심부름꾼으로 그 해전을 자세히 목격했다. 시바 씨가 취재했을 때 사토 씨는 80세가 넘어 병으로 요양 중이었다. 그러나 눈앞에서 러시아 발틱함대가 나타났을 때의 놀라움, 포성이 계속되는 가운데 "몸이 부들부들 떨리고 마구 눈물이 쏟아졌던" 때를 어제 일처럼 말하고 있다.

신문기자는 기사를 쓸 때 100개의 간접 증언보다 하나의 직접 목격담이 독자를 끌어당긴다는 사실을 몸으로 알고 있다. 시바 씨도 소설을 쓰면서 무엇보다 이 "시민으로서 유일한 목격자"를 찾아내려 했음을 상상하기 어렵지 않다. 대선배에게 불손하지만 바로 '신문기자 시바 료타로'의 면목이 드러난 것이다.

또 하나 최근 13년간 센카쿠제도와 시마네島根현 다케시마(독도-역주)라는 '섬'을 둘러싼 중국, 한국과의 알력이 현저히 드러났다. 그런데 시바 씨도 꽤 일찍부터 이에 대해 관심을 갖고 있었던 듯하다.

이 책 제2장 「옛 도시의 구석에서」에 아오키 고지로라는 쓰시마 출신 남성이 나온다. 시바 씨가 두 번째로 들어간 『신니혼신문』의 선배 기자이다. 몇 년인가 뒤에 아오키가 편집국장으로 일하는 불교계 『주가이일보』에 시바 씨가 『올빼미가 있는 도성』을 썼고, 이것이 『올빼미의 성』으로 제목이 바뀌어 나오키상을 수상한다. 그런 인연이 있어서인지 『가도를 간다』 시리즈 중 「잇키·쓰시마의 길」에 이 선배 기자를 빈번히 등장시킨다.

그중 이런 장면이 있다. 편집국 한가운데 서서 신문을 읽던 아오키가 갑자기 큰 소리로 외쳤다. "쓰시마는 조선 영토라고 이승만 대통령이 말하고 있어." 작은 기사가 실린 모양이었다. 주위에선 큰 소리를 내어 웃었다. 유머라고밖에는 생각하지 않았기 때문이다.

그러나 시바 씨는 "이승만 대통령은 진심인 듯했다"고 적는다. 그도 그런 것이 「잇키·쓰시마의 길」을 집필 중이던 1978년 4월 미국 국무부가 공표한 1951년 외교문서에서 이승만 정권의 한국은 국무부에 대해 쓰시마가 한국령이라고, 강화조약에서 쓰시마를 한국에 인도하는지 확인했던 사실이 밝혀졌다. 미국은 물론 부정하지만, 시바 씨는 이승만을 비롯한 한국 측의 '착각'의 근거를 냉정하게 말하고 있다.

센카쿠와 다케시마를 '고유의 영토'로 삼으려는 중국과 한국의 주장은 일본인에게는 '웃음거리'밖에 되지 않는다. 하지만 각각의 국내 정치 사정과도 얽혀 두 나라도 물러설 것 같지 않다. 이에 대항하려면 시바 씨처럼 신문기자적으로 하나하나 사실을 거듭 쌓아 호소해나갈 수밖에 없다.

이번에 『신문기자 시바 료타로』를 분슌文春문고로 장정해 새롭게 세상에 내놓게 되었다. 시바 씨의 탄생 90년이라는 것 외에도 현대에 의의를 갖는다면 이런 시대 배경이 있을 것이다.

마지막이 되었지만, 집필하는 데 취재에 응하거나 자료를 제공해주신 여러분이 13년 사이 시바 씨의 뒤를 따르는 듯 세상을 떠났다.

전후 곧바로 오사카 암시장에서 알게 되어 『신세카이신문』부터 『신니혼신문』을 거쳐 『산케이신문』까지 함께 걸어온 '맹우盟友' 오다케 데루히코 씨, 시바 씨를 잘 이해한 『산케이신문』 전 편집국장 아오키 아키라 씨, 전 사장 우에다 신야 씨 등이다. 오사카 본사 문화부 시절 명 콤비를 이뤘던 사진기자 이노우에 하쿠도 씨도 작년 세상을 떠났다. 삼가 명복을 빈다.

2013년 4월

## 역자 후기

　이 책은 일본 문예춘추사가 2013년 출간한 문고본 『신문기자 시바 료타로新聞記者 司馬遼太郎』를 완역한 것이다.

　몇 해 전이었는지 정확히 기억나지는 않는다. 아마도 6~7년 전쯤이었을 것이다. 일본에서 취재를 마치고 하네다공항에 도착했다. 비행기 이륙시간까지 조금 여유가 있었다. 공항 구내서점에 들러 한가로이 이런저런 책을 훑어보았다. 서가에 꽂힌 이 책이 눈에 들어왔다. '신문기자'라는 글자와 '시바 료타로'라는 이름이 눈을 덮치듯 다가왔다. 나 자신이 신문기자였기 때문이었을 것이다.

　『료마가 간다』, 『언덕 위의 구름』 같은 역사소설로 일본의 국민작가 반열에 오른 시바 료타로가 소설가로 데뷔하기 전 신문기자였다는 사실은 알고 있었지만, 이런 책이 있을 줄은 생각하지 못했다. 바로 책을 사서 비행기 탈 시간을 기다리며 페이지를 넘겼다.

　시바 료타로는 1945년 8월 일본이 패전한 후 교토 지역 신생 신문에서 시작해 『산케이신문』 문화부장을 지내기까지 16년간 기자로 활동했다. 그는 소설가로 데뷔한 후에도 신문기자라는 정체성을 갖고 육하원칙을 기반으로 기사를 쓰듯 소설을 썼다고 한다. 유명 작가가 된 후에도 자신을 여전히 신문기자로 여겼다고 한다. 후배들은 시바 료타로가 가지고 있는 신문기자의 특성을 다섯 가지로 정리한다. ①신문이 좋다 ②호기심이 왕성하다 ③권력이 싫다 ④발과 머리로 쓴다 ⑤다른 사람에게 친절하다.

위 다섯 가지 특성은 지금도 신문기자가 가져야 할 자세라고 생각한다. 첫째, 신문이 싫은 이가 신문기자를 할 수는 없다. 둘째, 신문기자는 세상에서 벌어지는 모든 일에 왕성한 호기심을 가져야 한다. 셋째, 신문기자는 권력과 대척점에 있어야 한다. 정치 권력이든 경제 권력이든 권력자에 아첨하며 기웃거리는 이는 신문기자일 수 없다. 넷째, 신문기자는 취재(발)와 사색(머리)을 통해 기사를 쓴다. 다섯째, 신문기자는 취재원에게 겸손하고 친절해야 한다. 거들먹거리거나 군림하려는 태도를 가진 이가 있다면 진정한 신문기자가 아니다.

책은 당대 주요 사건들과 맞물리면서 시바 료타로의 기자 시절을 세밀히 복원한다. 1945년 패전 이후 우후죽순처럼 신문이 생기던 업계 상황, 천황 방문 때 항의 시위를 벌인 교토대 사건, 전후 최대 지진이었던 후쿠이 대지진, 일본 최고 문화재인 킨카쿠지 방화 등 굵직한 사건들과 기자 시바 료타로의 취재가 겹쳐진다.

신문기자란 어떠해야 하는지를 생각해보게 하는 일화는 감동적이다. 스물세 살 신입기자 시바 료타로는 예순 살 넘은 편집기자에게 처음 일을 배웠다. "마치 그 광경은 산중에 은둔한 노老검객에게 무술을 배우는 모습이었다"고 시바는 회고한다. 늙은 기자는 "신문기자로 대성大成하려면"이란 말을 자주 했다. 어느 날 시바가 물었다. '대성'이란 무엇인가? 직위가 높아지는 게 대성이라면 너무 비루한 게 아닌가? 그때 패잔병처럼 보이던 대선배 기자는 정색하고 말했다. 신문기자로서 대성은 나처럼 되는 것이다, 검객처럼 기술을 갈고닦는 데 전념하는 것일 뿐이다. 시바 료타로의 출세작 『올빼미의 성』은 공명功名을 바라지 않았던 '닌자' 얘기이다. 시바는 작품의 영감을 그 선배한테서 받았다고 한다.

시바 료타로는 바람직한 신문기자상像으로 '무상無償의 공명주의功名主義'를 제시한다. 어떤 보상 없이도 심혈을 기울여 기술을 갈고닦는 검객처럼 신문기자라는 직업인의 혼魂을 다한다는 것이다. 시바가 특히 존경한 신문기자 선배는 평생 자존감을 갖고 외길을 걸은 어느 지방 주재기자, 알아주지 않아도 제목 잘 뽑으려 일생을 애쓴 편집기자, 오·탈자 잡아내려고 30년간 대장을 꼼꼼히 읽은 교열기자였다.

신문기자의 정신이 무엇인지를 알려주는 이 책은 기자는 물론 기자 지망생들이 읽고 자신의 직업을 고민할 자료로 삼아야 한다고 생각한다. 기자란 어떠해야 하는지, 교과서 같은 역할을 할 수 있을 것으로 생각한다.

당초 한국어판 책을 내려고 번역을 시작한 건 아니었다. 일본어 공부를 겸해 그저 하루 한두 페이지씩 번역했을 뿐이었다. 이렇게 책으로 나오게 된 건 여러 인연이 닿았기 때문이다. 방일영문화재단이 출판을 지원했다. 이동섭 에이케이커뮤니케이션즈 대표가 책의 출간을 기꺼이 맡아주었다. 감사드린다.

2021년 6월   이한수

# 신문기자 시바 료타로

초판 1쇄 인쇄 2021년 10월 10일
초판 1쇄 발행 2021년 10월 15일

저자 : 산케이신문사
번역 : 이한수

펴낸이 : 이동섭
편집 : 이민규, 탁승규
디자인 : 조세연, 김현승, 김형주, 김민지
영업 · 마케팅 : 송정환, 조정훈
e-BOOK : 홍인표, 서찬웅, 최정수, 심민섭, 김은혜
관리 : 이윤미

㈜에이케이커뮤니케이션즈
등록 1996년 7월 9일(제302-1996-00026호)
주소 : 04002 서울 마포구 동교로 17안길 28, 2층
TEL : 02-702-7963~5   FAX : 02-702-7988
http://www.amusementkorea.co.kr

ISBN 979-11-274-4687-1 03910